金大中救出運動小史

김대중씨 구출운동 소사

ある「在日」の半生

어느 '재일동포'의 반생

鄭在俊［著］
정재준

現代人文社

東京・九段会館で開かれた金大中拉致事件1周年抗議集会
（1974年8月8日）。

金大中拉致事件直後に開かれた抗議集会（日比谷公会堂、1973年8月15日）。

韓国の民主化闘争を支持する緊急国際大集会を
終えて都内をデモ行進する参加者
（最前列左から4人目が筆者。1976年8月15日）。

金大中拉致事件を報道した紙面。

韓国の民主化闘争を支持する
緊急国際大集会
（右から3人目が筆者。1976年8月15日）。

1978年12月27日、釈放直後の金大中氏に喜びの国際電話をする筆者。

979年4月、
豆・大川で開かれた韓民統会議で報告する筆者。

1981年5月、東京・社会文化会館で開かれた
韓国民主化支援緊急世界大会で報告する筆者。

東京・日比谷公会堂で開かれた集会で青地晨氏に全政治犯釈放要求
100万人署名のマイクロフィルムを手渡す筆者（1976年11月23日）。

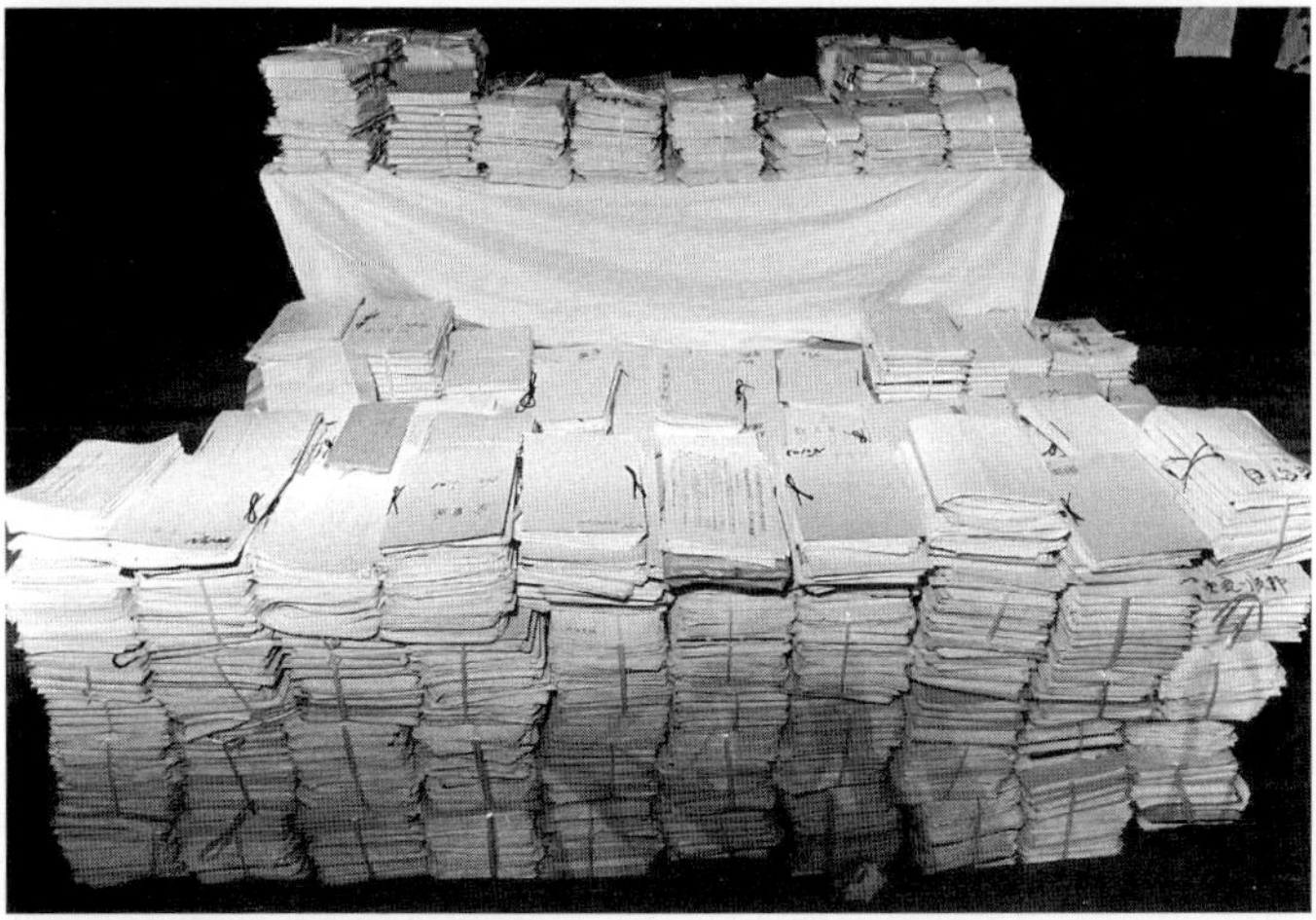

全政治犯釈放要求100万人署名の山。

新聞定価 1ヵ月2,000円・1部売り(朝刊)50円(夕刊)30円　(第3種郵便物認可)

いま証言する 10

金大中事件五年

「韓民統」結成に上きげん

五者会談

箱根演説をした時の金大中と民団東京本部団長の鄭在俊(右)

四十八年八月四日午後、東京地方には、熱雷が響き、激しい夕立があった。バケツで水をぶちまけたような雨脚の中を、金大中は首席秘書の趙活俊を伴って、上野のアメヤ横丁を見物した。

「その夜は午後六時から上野・池之端の旅館で、韓国民主回復統一促進国民会議結成へ、最後の詰めをする重要な五者会談があったんです。その前、二時間ばかり時間が余って、先生が急に『アメ横を見たい』といい出されまして、在日同胞のやっている店でパイプを買いました。私が『パイプは生意気に見えますよ』といったら『君、シガレットは自分のために吸うもの、パイプは周囲にサービスするんで、変な……』

金大中拉致事件を振り返る紙面
(毎日新聞1978年7月29日付朝刊・毎日新聞社提供)

(9)　4版　社会　1980年(昭和55年)8月27日(水曜日)

「民衆の悲劇、許せぬ」

全大統領の選出　韓民統など抗議声明

全斗煥大統領選出に抗議の声明文を発表する(右から)鄭在俊、金載華、裵東湖の各氏=27日午前10時40分、東京・神田の韓民統日本本部で

金大中氏、即時釈放を

日本の作家や監督らも声明

民団は歓迎声明

酒酔い運転で会社員　タクシーに追突逃走

父と対面後、会見

北京入りの伊藤淳さん

全斗煥大統領選出に抗議の声明文を発表する
韓民統の鄭在俊ら
(毎日新聞1980年8月27日付夕刊・毎日新聞社提供)

◉はじめに

私がこの世に生まれた時、祖国の山河はすでに日本に奪われ、ふるさとの田畑は他国の軍靴に踏みにじられていた。日本は既にその七年前から、朝鮮全土を勝手に自分たちの植民地にしてしまっていた。しかし、そのようなことは後日、物事の道理をわきまえる年になってから分かったことである。そのようなことを知るすべもない幼少期に、私は父を尋ねる母の手に引かれて日本にやって来たのだった。

それ以来八〇年の歳月を、日本のこの地で生きながらえている自らの姿をふと意識する時、その間、私は何をして来たのだろうかとの思いに耽ることがある。

私は七人兄弟の長男に生まれ、父母とも一緒に生きるために無我夢中で働き、時には人の世の理不尽さに反抗して暴れることもあった。そして、相当の財を成すにいたる時期もあった。

しかし、私にとって青春時代があったとすれば、それは若かった時代を過ぎてずっと後、韓国の民主化運動と金大中《キムデジュン》先生救出運動という民族史の現場に身を投じて闘う苦しい歳月を送ったころであったといえる。

そのころの私は、志を共にする多くの仲間たちと一緒に、東京のど真ん中で何千人もの民衆を集めて集会を開き、独裁政権の蛮行を糾弾して銀座通りを数え切れぬほどデモ行進した。そしてついに、民衆の闘いによって軍事独裁政権は崩れ去り、さらに時代は変わって金大中大統領の下で民主化は前進し、政権は安定した。

二〇〇〇年六月の金大中大統領のピョンヤン訪問以来、朝鮮半島情勢は軍事独裁政権下では想像もつかないほど、民族の悲願である祖国の統一に向かって画期的な前進を遂げている。その調子で、統一への道がさらに進み拡大されることを、心から祈るばかりである。

ところが、金大中政権誕生後、政権内部の力のバランスと人事において釈然としない、民主化路線に反する現象が見えてきたため、その成り行きを注視している国民はいうまでもなく、私たち海外同胞もやるせない思いを抱くようになった。

そのようなところへ、かつての同志や友人などから、金大中先生は民主化闘争の精神を忘れ、あの時の血と涙の意味をないがしろにしている、だから在日の運動を総括して民衆の願望に叶う政策を実践するように声を上げるべきだ、との要望や訴えをしばしば受けるようになった。

もとより私は在日同胞の運動を総括する立場にはない。けれども、そのような提言を受けて考えているうちに、自分の歩んだ道を記録にとどめておきたい気持ちがだんだんと湧いてきた。

特に、民団の「捏造録音事件」や「金大中先生救出運動」については、直接関わって心血を注いだ者の立場から、沈黙を守り通してばかりではいられない気持ちになってきたのである。

こうして乏しい記録と資料を頼りに、歩んだ道を思い出しつつ、拙い自叙伝を綴ることにした。もとより、かつての同志や友人などの期待に応えることは到底できないが、わが子孫らが自らの「在日の発端」を理解する手掛かりとなり、何時の日か、祖国の歴史の片隅に在日同胞の来歴が記録される時、史料の一部となれば幸いである。

二〇〇六年一月

鄭在俊《チョンジェジュン》

金大中救出運動小史
ある「在日」の半生
鄭在俊［著］

目次

第二部 闘争

第一部　故郷

第一章　父との再会

故郷と幼少年期の記憶

私は一九一七（大正六）年八月三日、韓国慶尚北道《キョンサンプット》慶山郡《キョンサングン》押梁面《アプヤンミョン》三豊洞《サンプンドン》で生まれた。父、鄭相《チョンサン》龍《リョン》と母、金巳徳《キムサドク》の間には男二人、女五人が生まれたが、私はその長男である。七人の兄弟姉妹のうち、上の三人は故郷で生まれたが、下の四人は日本で生まれた。

私は、数え年八歳の時までは生まれ故郷で成長したが、幼少期の出来事やふるさとでの思い出はほとんど記憶にない。

ただ、父が鄭家の次男であったこと、そして隣村に住んでいる、扶養する家族の居ない親戚のおばあさんのところに養子入りして、そこで私の母を迎えて結婚したことはなんとなく知っていた。

そのころの母は、いつも病床に寝ているおばあさんのそばで食べ物を口に入れてあげていて、私はそれを見上げていたのだが、その母の姿がいつまでも私の脳裏に浮かぶ。

　このおばあさんには、家から少し離れたところにわずかの畑があるだけで、田や山林などの財産はなかった。父は、これだけの畑では家族を養うことができないと思って日本へ出稼ぎに行ったのだろうが、このことについて話を聞いたことはなかった。しかし、病床の養母と妻、そして幼い子供三人を故郷に残して他国へ旅立った父の胸中はどんなものであっただろうか。

　父が日本へ行ったのは、私が五歳のころであったと推測する。従って、それは一九二五、六年ごろになる。一九一九（大正八）年の「3・1抗日独立運動」が日本の武力で鎮圧されてから間もない時期である。日本国内で米騒動が起きたのは一九一八年である。その余波が続くなかで、日本帝国の植民地政策に基づく朝鮮からの食糧掠奪はさらに強化され、朝鮮の米はほとんどが日本に供出されるようになり、朝鮮の農民は困窮を極めていたころである。

　このような時代に、私たち家族を養うのに母はどれほど苦労しただろうか。父がいなくなった時期、私は母と一緒に畑の雑草取りやじゃがいも掘りなどを手伝った記憶がある。

　私が七歳のころの冬のある日、押梁面甲堤洞《カプチェドン》の金伯父（母の実兄）が、山から松の枝をチゲ（背負子）いっぱいに切り集めて自宅の庭に運んだ。松の枝は乾かして燃料として使う。そこへ隣の家のおじさんが来て、この松をどこから切ってきたのかと怒鳴りながら、金伯父の顔を殴るのである。すると伯父の顔が血だらけになり、私の母が泣きながらその顔を拭いていた。幼かった子供心にも弱い境遇の悲哀を感じ、私も泣いた。

私が生まれて母と住んでいた住居は、朝鮮の田舎の典型的な「草家三間」の小さな家で、小さな庭があった。南側に出入りする門戸がある。家の裏は長い土塀で囲まれていたが、その一角が崩れたままになっていた。その奥にある書堂《ソダン》（寺子屋風の塾）に行くとき、私はいつもこの崩れた土壁を越えて出入りしていた。

そのソダンの先生は、みんなが鄭老人と呼んでいたが、たぶん我が鄭家の長老格であったと思う。私はそのソダンに通い、千字文（漢文の初歩）を習っていた。父不在の子供に、漢文の習得と同時に儒教的教育を仕込もうとした母の配慮であったと思う。

ところが、そこで困ったことは、友達とけんかになった時である。明らかに私が悪いわけでないのに、鄭老人は私に庭の隅にある木の枝を切ってくるように命じる。私が枝を持って行くと、老先生は私にパジ（ズボン）の裾をまくるように命じ、枝をムチにして私の足のふくらはぎをぶつのである。

ある日、そのムチの痛みと悔しさからソダンに行くのが嫌になり、千字文の本を丸めてワラ束に押し込み、薪取りに行く村の子供たちについて山に行き、遊び回ったのである。

数日後、このことを知った母が家の入口で私の帰りを待っていて、遊んで帰る私を捕まえて私の頬を叩いた。私が母に殴られたのはこれが初めてであった。私は弁明もしないでそこから逃げ出し、近くをしばらくほっつき歩いてから家に戻ったが、その時、門が閉めてあったため中へ入ることができず、小石を拾っては扉に投げつけた。門を開けてくれるまで繰り返し繰り返し小石を投げ続けたのである。

この様子をじっと見ていた向かい側の親戚のおじさんが、後日、親戚同士の話し合いの場で、あの子はお前の手には負えない子だから、早いうちに日本の父親のところに連れて行くほうがよい、と母に忠告したので、母はそれから随分悩んだあげく、子供三人を連れて日本へ行くことを決心したようである。

当時、朝鮮の田舎では、「日本の東京さ、どんなによいのやら、一度行けば、二度と故郷には帰らんとさ」という歌がはやるほど、日本へ行けば行ったきりで、ほとんどの人が帰ってこなかった。故郷に残された家族や親戚たちは、日本は「天国」のような所であるから、故郷のことなど忘れてしまうのさ、と多くの人々が思ったようである。

日本へ行くということは、故郷との永遠の別れになるかもしれない。子供らを連れて夫を訪ねていくとはいえ、母にとっては大変な決心が必要であったと思う。

訪日が決まってから、旅立つ少し前のある日、金伯父と叔母は私たち一家を自宅に招待し、豆入りの白米のご飯を真鍮の食器に山盛りに入れて食べろ、食べろと言ってくれた。私は半分も食べられなかったが、とても美味しかった。故郷のことを思い出すとき、あのときの金伯父と叔母の心遣いと白米のご飯の美味しさを忘れられない。

父を尋ねて玄界灘を渡る

私は、一九二五（大正一四）年九月のある日、妹二人と一緒に母に連れられて、日本に行くために故郷を離れた。慶山《キョンサン》駅で日本国山梨県日野春までいく切符を買った。その前に、当然ながら私たちは日本語が分からないので、面事務所《ミョン》（村役場）に勤めていた親戚筋の人が「この人たちは下関駅から名古屋まで行き、名古屋駅で中央線に乗り換えて日野春駅で下車する者です。ご案内よろしくお願いします」という意味のメモを用意してくれた。母は、そのメモを切符と一緒に大切にしまった。慶山駅には親戚や村人たちが見送りに来ていて、汽車がまだプラットホームに入る前からワーワーと泣いていた。私もなぜか悲しくなって泣いた。

子供三人を連れた母は、釜山駅で汽車から降り、関釜連絡船で下関港に着いた。さらに下関から汽車に乗り名古屋駅まで来たが、乗り継ぎがなかったため夜を駅のベンチで過ごした。翌朝、中央線の汽車に乗り、隣の乗客に母がメモを見せたら親切に教えてくれたので、無事に日野春駅に下車することができた。

日野春駅で下車してから、汽車がホームを出るまで胸をどきどきさせながら待ち、線路を渡って改札口を出た。改札口を出てすぐの、待合室の椅子に腰をかけてぶどうを食べているハンチング帽子を被った男が父であった。

あの時、母と父がどんな言葉を交わしたのかを私は覚えていない。たぶん、二人とも何も言わなかったような気がする。私たちは黙って父の後について歩いた。駅前の町を通り過ぎ、山に差し掛かった川沿いのところに、馬が引くトロッコ車が待っていた。私たちはトロッコ車に乗せられ、着いた所が山奥の小武川発電所の工事現場であった。そのトロッコ車は工事用のセメントや食糧を運ぶのに使われていた。山の谷間に工事場があって、その一角に飯場があり、私たちはこの飯場の一部に住むことになった。

私たちが住む飯場は、前方も後方も山が高いので、日の出が遅く、日の入りは早い。でも、清らかな水の流れるせせらぎが気持ちよい所であった。私は時々、昼間は隣の石屋のおばさんに連れられて山に栗拾いに入ったが、とても楽しかった。

翌年の春には工事が終わり、私たち一家は日野春町に移ることとなった。そこで私は尋常小学校に入学した。しかし、その時私はまだハナ、ハト、マメ、マスなど単語の意味さえ分からなかった。

東京・八王子市に移る

山梨県日野春村（現、長坂町）の尋常小学校に入学してから間もなく、私たち一家は東京都八王子市子安町一九四番地に引っ越した。それは、日野春村にはもう工事現場などもなく、父の仕事が見つからなかったからである。私は明神町にある八王子市立第四尋常小学校に転校した。

八王子市で父が最初に手掛けた仕事は、京王電鉄御陵線の北野駅から片倉を通って多摩御陵駅までの工事で、大丸組の孫請けであった。

工事が終了し、いよいよ開通式が行なわれることになったが、その時まで大丸組が労働者たちに対する賃金を支払わなかったため、開通式の当日、労働者たちが線路に入り四斗樽の酒樽を線路に置いて電車の運行を止めた。そして、労働者らは口々に賃金を払えと叫んだ。間もなく会社側の連絡を受けた警官隊が来て、労働者らを追い払う騒ぎが起きたのである。この光景を終始見ていた私は、賃金を払わない大丸組が悪いと思った。

このころすでに八王子市には多くの朝鮮人が住んでいたが、彼らのほとんどが土木労働者（土方）、衛生業（糞尿処理）、廃品回収業（クズ屋）などに従事して生き延びていた。また女性の多くはアメリカから入ってくる古靴下をほどいて糸に再生する仕事を内職にし、生活を助けていた。

このころ、なぜか知らないが、八王子警察署の眼鏡をかけた萩原という特高刑事が時々、父のところに来ては様子を探っていた。

新聞配達と中学校入学

私は、尋常小学校を卒業してから、しばらく父の手伝いをしていたが、中学校に進み勉強したいと思っていた。その望みをかなえるために東京へ出ることを決心し、世田谷区の下高井戸にある時事新報販売店の新聞配達員になった。

この時事新報販売店は、表は甲州街道に面し、裏は桜上水であり、私がこの販売店に就職した時、時事新報は朝日新聞に押されて衰退の極に達していた。そのため配達は店から遠く離れていた家がほとんどで、全区を自転車で回らなければならなかった。そのため他店より部数は少ないのに配達時間は余計にかかった。

店のおやじはヤクザ上がりで、配達店員は四人しか居なかったが、その四人に給料もまともに払わず、風呂銭とか作業服代程度の金しか与えていなかった。

ある日、若い店員の原田さんが集金した金の中から幾ばくかの金を使い込んだのがばれ、店主の宮下緑郎親分は、自らが中心となって、やきを入れると称して皆に原田を殴らせた。私は、こんな所にいては学校に通うこともできないと思い、そこから逃げ出すことを考えるようになった。

そうしたある日、兄貴株の鶴田さんと昼間の販売拡張時間が一緒になった。鶴田さんは突然私に

「お前、ここから逃げたいんだろう」と言うのである。ドキッとした私は暫く返事ができなかった。「逃げて捕まったら半殺しだぞ。それでもやるか？」と言うので、私は「ここでは学校に行けないし困っております」と答えた。すると鶴田さんは「分かっている、分かっている」と言い、「俺が助けてやるから、必要な荷物だけをいつでも持ち出せるようにしておけ。ばれたらお前も俺もひどい目にあう。誰にも言うな」と言って念を押し、彼は別の道へ行ってしまった。

それから私は、大した荷物があるわけでもなかったので、中学の講義録と着る物など最小限度の必要な物をまとめて、いつでも持ち出せるようにしておいた。

それから三、四日後、鶴田さんは私に「お前の行先は目黒区大鳥神社の坂上にある読売新聞の販売店だ。これは頭で覚えておけ。そこへ行って木舟さんに会えば分るようにしてある」と言うのであった。それから数日後、親父さんが奥さんと一緒に外出し、他の配達員三人は銭湯に行っていなく、鶴田さんと私の二人だけになったとき、鶴田さんが「お前の荷物はこれだけか」と聞いた。そして、早く裏へ回るように指示された。

店の裏は桜上水路があって誰にも見られないところであった。私が素早く裏に回って窓の下に行った時、鶴田さんが窓を開けて私の小さな荷物を落としてくれた。私はそれを持って一目散に下高井戸の駅に向って走り電車に乗った。

そして、目黒の大鳥神社坂上にある読売新聞販売店を探し当て、木舟盛行さんに会った。木舟さんの案内で店主の高橋主任に会い、事情を話してお願いしたところ、即座に住み込み店員となれたのである。

そこで私は、木舟さんからいろいろと指導を受けながら、順調に新聞配達の仕事はできたが、ここでもやはり学校へ通うことは許されないことが分かった。困って木舟さんに相談したところ、彼は自由が丘にある朝日新聞直販所主任の竹内佐之助さんを紹介してくれた。そして私はそこの配達員となって働くことができた。

自由が丘の朝日新聞直販所は駅南の大井線沿いにあり、山田病院と飲屋の「タンポポ」という店の間にある三階建ての建物で、一階は広い床張りのホールと主人の事務所があり、その奥は主人の居間だった。二階は店員たちの部屋で、三階は六畳の部屋があり私たち店員の勉強部屋に使っていた。その家の屋根は独特な形をしていて、地球儀の上半分のようなドームでモダンな建築物であったため、駅からもよく見えた。店員は一七人で、そのうち一人はこの店の専務役の予備で、学生は七人いた。

私は、ここで念願がかなって中学校へ通うことが許された。そして同町内にある自由が丘学園中学三年の編入試験に合格し、入学した。それで私は朝・夕刊の配達をし、昼間は通学することになった。私はこの自由が丘の朝日新聞直販所の配達員として中学五年の卒業まで働き、竹内佐之助親方には大変お世話になった。

竹内さんは青森県出身で、柔道が三段だったが、海軍を除隊して勲八等を受章された方であり、店の近くにある奥沢の押切道場の押切先生は柔道五段であるが、竹内さんとともに横須賀海軍基地での軍艦乗組員の戦友であった。

あのころ、横須賀軍港の町では少年兵らが町のヤクザに金品を取られるという不祥事がしばしば起き、それが海軍の名誉を損ない威信にかかわる問題とされた。そこで柔道達人の二人は上官の命令を受けて町のヤクザらを退治した。その二人は母校である自由が丘学園中学の柔道部師範でもあった。

私は、その竹内さんの店で尾山台と等々力町区域の配達を受け持っていた。この地域は当時、新興住宅地街で、盛んに新築の住宅が建てられていた。そのため昼間の勧誘に巡回しなくても、夕刊を配達している時先方が待っていて、明日の朝刊から配達を頼むという申し込みがよくあった。一軒増えると勧誘手当てが三〇銭付く。また受け持ち部数が余り多く増えると、一定の部数まで配達を減らしてくれた。

私の収入は、住み込み朝・夕の食事付きで、月の給料が約一〇円に手当金が付いた。そのほかに朝日新聞社の「岩月新聞館」から毎月三円の奨学金をもらえたので、学費は充分であった。

また、あのころ、広田内閣（広田弘毅・一九三六〔昭和一一〕年三月〜一九三七〔昭和一二〕年一月）、林内閣（林銑十郎・一九三七年二月二日〜同年五月三一日）などの期間に新聞号外が頻繁に出たので、手当もよくもらえた。

私が中学校を卒業したころ、私の兄弟姉妹は妹五人と末っ子の弟（仕植《ソェシク》）の七人になった。そのころだったと思うが、母が乳がんで八王子の長町病院に二度目に入院し、手術して手を尽くしたかいもなく還らぬ人となった。母はよく働き、何事も穏やかに解決したので、近所のご婦人たちから大変信頼されていた。

まだ幼い私たち七人の兄弟姉妹を残して母が亡くなったので、私たちは途方に暮れた。

「九品仏境内」での決闘

自由が丘の朝日新聞直販所で配達員として働いている時のことである。多摩川遊園で読売新聞社主催の「つつじ大会」が開催され、読売新聞の読者には割引優待券を配布していた。尾山台地区の原という読売販売員が、その優待券を私の得意先である朝日新聞購読者二軒に二枚、三枚と配布し、朝日から読売の購読者に替えてしまう事件が生じたのである。どうしてそのように替えられたのかと、その得意先の主人に事情を聞くと、子供がどうしても多摩川遊園の「つつじ大会」に行きたいというので、朝日さんには悪いけど、読売の勧誘に従ったというのである。

私はこのようなことをされてはたまらないと思った。次の日曜日、目黒の読売販売店の高橋主任を訪ねて優待券一〇枚をもらい、商店街の読売新聞得意先二軒に三枚ずつサービスした。そしてその人たちに朝日新聞を取ってくれるようにお願いした。するとその人たちは「私はずっと読売を取っているのに優待券一枚もくれなかったわ」と言って、喜んで読売新聞を断って朝日新聞の購読に切り替えてくれた。

そのようなことがあってから数日後、配達途中に私を待ち伏せしていた読売の原さんに引き止められた。彼は私に「おい、読売の優待券をどこから手に入れた」と訊いたが、私は「それは言えません」と答えた。すると彼は「お前は泥棒野郎だ」と言いながら殴りかかってきたのである。原さんが若い時はボクシングをやって肉体を鍛えた話を私も聞いていたが、それでも私は彼に抵抗を試みた。しかしとても太刀打ちできず、ぽかぽかと一方的に殴られて顔が血だらけになった。

その時、近くで住宅建設の工事をしていた大工の親方と若い人がかなづちを手に、何をするんだと怒鳴りながら近づいてきたのである。原さんは、お前さんたちに関係のないことだと言った。しかし大工さんは、そうはいかない、弱い者をそんなに滅多打ちしているのを見ているわけにはいかない、と反論し、見えない他の場所にいってやれと言うのである。原さんは、どうするつもりだと私に訊くので、私は、お互いに配達の仕事が残っているから、配達を終えてから会おうと提案した。原さんはすぐに同意し、場所はどこにするかと訪ねる。私がどこでもいいと言ったら、原さんは「九品仏の境内」ではどうかと言う。私はそこで会うことに同意し、残りの配達に回った。

新聞の部数は、毎日正確に数えて配達に出かける。最後に一部でも余りがあれば、それはどこかに配達漏れの家があるということになるのだが、この日は三部も残った。帰路、配達の状況を思い起こしながら、記憶のあいまいな家を再度訪ねて新聞が届いたかどうかを確かめたが、みんな配られていた。しかし、三部も余りがあるということは不配したかもしれないが、「九品仏の境内」での対決のことで頭が一杯で、残部を調べる心の余裕がなかった。

「決闘」のことを考えながら歩いているうちに、ふと気が付いてみると、商店街のお得意さんである井上自転車店の前に来ていた。その時、一瞬頭をよぎったのは、素手では到底かなわないということで、これでやろうと決心した。そして自転車店に入り、店主の井上さんに自転車後輪チェーンの歯車を一つくださいませんかとお願いした。井上さんはそんなもので何をするんだと言いながらごちゃごちゃしている箱を指差し、どれでもいいからどうぞと言ったのである。私は、直径二六インチ自転車の歯付きフリーより、二八インチの歯車の方を選び、軸のフリーをハンマーで打ち抜いて歯車部分の半分を裂いた手ぬぐいで巻き、それをポケットに隠して「九品仏の境内」に向かった。

この歯車のことは、下高井戸の時事新報にいた時、「兄貴」たちが持って歩いた一番手軽な武器だったことを、私は覚えていたのである。私が、今これを使わねばならないと決心して「九品仏の境内」に着いた時、原さんは奥にある大木のそばで、自転車に乗ったまま左手をその木に着け、顔は私に向けていた。

私は彼の近くに行って自転車を降り、さらにそばまで歩いて彼に近づいた。彼は同じ姿勢で、私に「来ないと思ったけど、やはり来たのか」と言った。私は無言で彼に接近し、素早く彼の胸元を狙って殴りつけた。あの二八インチ自転車の歯車で。その一撃で彼は自転車とともに倒れ、体が自転車の三角に挟まって立ち上がることのできない状態になっていた。私は必死に起き上がろうとする彼を足で蹴り、歯車で殴った。どのくらいダメージを受けたのだろうか。彼が参った、参ったと言うので、私もこれ以上はまずいと思い、自分の自転車に乗って一目散に店に戻ったのである。

店では、私の帰りがいつもと違って遅かったため、何かあったんじゃないかと心配し、おやじさんと予備が待機していた。二人は私の顔を見るなり「どうした」と怒鳴った。私が読売販売店の原さんに殴られたいきさつを報告すると、おやじさんは予備に向って、早く顔を洗って飯を食べさせろと指示し、雪駄を履いて急ぎ足で家を出た。

後日分かったことだが、おやじさんはその足で読売の販売店に行き、うちの若い衆に暴力を加えて大怪我をさせた原を出せ、と怒鳴り立てたらしい。すると読売の親方は、うちの原も大怪我をして今病院に行っております、と言うので、仕方なくおやじさんはひとまず帰宅したというのであった。

その後、しばらく何事もなかったが、一〇日ほど過ぎたある日、尾山台の同じ場所で原さんにばったり会った。私は内心、これはまずいなと思っていたところ、原さんから「お前さん、なかなかやるじゃないか。これから仲良くしよう」と言うのであった。私は、ハイと言って頭を下げるだけだった。

中学クラスメート同士の決闘

中学校時代の一つの思い出といえるだろう。私が四年生の時、陸軍大佐の息子だという松井君が私のクラスに編入して来た。松井君は中学生とは思えないほど大型の体格で、その態度も立派であったが、どことなく傲慢な振る舞いであった。

その傲慢な態度をへし折るために、武藤君と坂本君が松井君に決闘を申し入れたのである。ある土曜日の午後、四年生の教室で決闘は行なわれることになった。

当日、教室の机と椅子は全て窓や壁側に積み上げられ、クラスメートは全員が円を作って待機していた。武藤君は身長もあり、ボクシングジムに通っていたので、どちらが勝つか皆は興味を持って二人の決闘を待っていた。

ついに武藤と松井の両君は素手で立会い、激しい殴り合いが始まった。たちまち二人の顔は血だらけになる。どちらの出血か分らない。これ以上続けることは残酷に思えた。その時、坂本君が中に入り、中止を促した。すると両君は殴り合いをやめて握手し、決闘は終わった。

それ以後、松井君の傲慢な態度は変わったので、みんなはよかったと思った。

朝日新聞自由が丘直販所で配達の仕事をしていたとき、私は盲腸炎にかかった。緊急に新宿の犬養病院というところに入院して手術を受けることになった。手術が始まってから、麻酔が弱かったせいか途中で目が覚め、白衣を着た二人の先生の動く姿が眼に映った。戦時中で室内の光が外に出ないように電灯に布で覆いをかけての手術だったが、でっぷり太った、マスクをして眼鏡をかけ、右手に包帯を巻いた先生が、右手にはさみを持っている細面の白衣の先生に指図しているのがはっきり見えた。

後日分かったことだが、指図していた太った方が院長の犬養先生で、何かで右手を傷めて手術したので、代わって助手が私の手術にかかっていたのである。

数日の入院で退院し、いつもと同じように自転車で新聞配達をしていたが、手術したところがズキンズキンと痛み出した。何日か我慢していたが、ますます痛みが増して耐えられなくなり、おやじさんの知人の紹介で東京大学付属病院の都築外科に入院させられ、再手術することになった。

この事態を知った八王子の両親は大変驚き、知り合いから借り集めた一〇〇円を届けてくれた。再手術の結果、犬養病院が手術の後、ガーゼを中に置き去りにしたまま傷口を縫ってしまったため、そこが化膿したことが判明したのである。しかし、そのことで犬養病院を咎めることもなく、私一人が泣き寝入りすることで終わった。

第二章　太平洋戦争

中学卒業後、父の土木業を引き継ぐ

私の志は、五年制の中学を卒業した後、さらに大学に進むことだったが、五人の妹と末っ子の弟、それに両親を合わせて九人の家族がおり、その家の長男である宿命として私が働かなければ家庭の生活が成り立たないという事情があった。それで私は進学を諦め、父が営む土木業の手伝いをし、それを引き継ぐことになった。

この時期であったと思う。日本は朝鮮人から固有の姓を奪って日本式の名前に変えさせ、天皇家を宗家とする家父長制に組み入れようとした政策を強行した。一九三九（昭和一四）年一一月、朝鮮民事令改正という形で創氏改名が公布され、翌年の二月から施行された。延日鄭《ヨンイルチョン》氏である私たちの一族は、本籍地の故郷から「松浦」という姓を名乗ることにしたと連絡があったので、日本における私たちの一家も日本名を松浦とし、今でもそれを通名として使っている。

そして、一九四一（昭和一六）年一二月に太平洋戦争が始まるが、この年から米穀配給通帳制が実施された。同年七月には、対米英戦争準備と対ソ戦準備の推進が御前会議で決定され、大本営は関東軍特殊演習の名目で満州に置いた関東軍に七〇万人の兵力を動員するなど、緊迫した情勢が進んだ。そのあおりで軍関係の土木工事が激増し、私もいろいろの工事を手掛けるようになった。

一方、一九四一年のこの年に私は二四歳になり、親の勧めに従って金順子《キムスンジャ》と結婚した。

そしてこの年に、私は岐阜県各務原の航空隊（落下傘部隊）の飛行場滑走路をアスファルトに造成する仕事を孫請けで請負うことになった。直ちに、土木作業員を妹の夫である権実権《クォンシルコン》君の力を借りて四〇人を手配することができた。

しかし工事場に乗り込むまでの旅費や諸経費が差し当たり必要である。思案の末、同胞の有力者で、父とも知り合いである申任鳳《シンイムボン》さんに相談してみることにした。

申さんは通名を平山永造と名乗っていたが、立川飛行場の出入り商人である斉藤さんの番頭として金持ちに見られていた。私は平山さんを訪ねて事情を話し、三〇〇円の借り入れをお願いした。当時三〇〇円は大金であった。しかも私には何の担保もない。黙って私の話を聞いていた平山さんは、よし分かった、三〇〇円は俺の全財産だ、しっかりやるんだよ、と言って貸してくれた。こうして当面の運用資金三〇〇円を持ち、人夫らを連れて岐阜の工事現場に乗り込んだのである。そして一生懸命に働き、その年の暮れに三〇〇円は返済した。

このときの工事は、落下傘部隊の飛行場で、これまでの現場は路面の土をならし笹の新芽を刈り込んだだけで、飛行場として使用していたのである。今回はその路面全体を舗装するための工事であったが、路面の整地は全体をこれまでより少し高くし、周囲に側溝を新設しなければならない。また残土は、小さな川を挟んだ北の小高い山に火薬庫をつくるための土塁を構築するのに使う。橋を渡ってトロッコでその土を上に押し上げる工事だった。面積の広い整地工事であったが、現在のような土木機械はなく、全てを人力で行なう重労働であった。

私は朝から晩まで若い作業員たちと一緒に毎日働き、体の上半身は真っ黒になっていた。そのころ私の体重は極端に減りつつあったにもかかわらず、私は一見元気で猛烈に働いた。しかし、実際はその時肺病を患っていた。元気な意気込みが病気を押さえ込んでいたことは、当時は気がつかなかった。ずうっと後に、医師が私の肺に空洞があるのを見つけて、それがそのまま固まっていたわけを説明してくれた時、初めて知ったのである。このときの工事を成し遂げる原動力となったのは、平山さんから借用したあの三〇〇円であった。このことが縁で後日、弟の在植が、申さんの長女と結婚することになる。

この工事が終わり、私は豊川海軍工廠の火薬部の施設工事に携わっていたが、九州・宮崎の飛行場建設に行っていた親方の佐藤さんが、今度も一緒にやろうと呼んでくれたので、私は喜んで作業員たちを連れて宮崎に乗り込んだ。ところが宮崎に向けて出発する前に、父の持病の肝硬変が悪化した。私は父を京都の専門病院に入院させ、父に九州行きを断念させた。しかし数日後、父は病院を脱け出して宮崎の工事現場に現れたのである。どうしたのですかと尋ねたところ、父は「自分の病気は誰よりも自分がよく知っている。病院にいても治らないから出てきたのだ」と言うのである。父の脇にいた父の同僚で兄弟分の宮本の伯父が、「兄貴は病院にいるよりも、仕事から上がっての一杯の酒が欲しいのだ」と言うのであった。父は、そうだよと笑ってうなずいていた。

飛行場工事現場での大乱闘

陸軍飛行場の建設工事現場は、宮崎県三納代駅の奥地、富田村（現在の宮崎県新富町）先の丘陵地であった。海抜五〇〇メートルの丘陵地で、山林、畑、一部は墓地であった。敵から攻撃を受けた場合、標高五〇〇メートルの高地から離陸して応戦できる利点があるため飛行場をつくるのであった。後に「にゅうたばる」と呼ばれるようになる飛行場の始まりである。工事中、兵士と同形の砂袋を上空から落下させる落下傘部隊の訓練が行なわれていた。

一九四二（昭和一七）年のこの時も突貫工事で、作業員らは二交代制で働いたが、私と世話役などは早朝から晩まで働き通しであった。

この工事現場では、飯場の土工が約三〇〇人、地元の通勤作業員が約五〇人、それに徴用工一〇〇人余が働いていた。徴用工たちは九州全県からトラックと一緒に徴用され、車の運転、修理の仕事を受け持っていた。日給は八〇銭ほどで、土工の四円に比べてはるかに少ない。そのことに徴用工らは不満を抱いていたらしい。

この徴用工の中には武道の達人が数人いた。そこである日の夜、徴用工ら一〇数人が酒を飲んで飯場に押しかけ、因縁をつけては喧嘩を仕掛けてきた。喧嘩はエスカレートして乱闘騒ぎとなり、飯場の作業員から多数の怪我人が出た。このような乱闘騒ぎが数日おきに繰り返されていた。

ある月の一四日のこと、私は午前中は現場に出たが、午後は明日の支払いの明細を帳場の宮本君と一緒に検討していた。帳場は飯場内にあるが、私の飯場は道路入口の角地にある空き地に面していた。その空地を笹竹で囲って鶏を一四、五羽飼っていた。

工事場の仕事を終えて家に帰る村の娘たちを送るために待っていた砂利運搬車の徴用工二人が、退屈しのぎに鶏をめがけて石を投げたので、鶏が暴れだした。それに気づいた私が、ちょうど学校から帰ったばかりの小学生の妹、八重子に、あの砂利運搬車の運転手らに石を投げないように言ってこいと言いつけたが、暫くしてから、妹は泣きながら帰って来た。それを見た私はぞうりを履いて車に近づき、車のボディの上に立っている二人の男に向って、お前ら、何で石を投げるのだ、と怒鳴った。すると先方は、何だよと大きな声で喧嘩腰で言い返して来る。そこで私が、降りて来いと言うと、向こうは上がってこいと叫び、言い合いになった。向こうが降りてこないので私が上がろうとしたところを、上から石油の空缶で私の脳天を殴ってきた。私の頭から血が噴き出した。三人は車のボディから下に落ち、二対一で殴り合いになった。殴り合いが続いているすぐそばの工事現場から土工や徴用工らが駆けつけて、集団で殴り合う大喧嘩に発展した。

そこへ宮本君が来て、親方、大変だ、早く病院に行かなくちゃ、と言うので、手で頭をなでてみたら血がべっとりと塊となっていた。これはいかんと思い、宮本君と一緒に工事場を横切ってすぐ下の医院に行き、手当てをしてもらった。

医院から喧嘩の現場に戻る途中で、宮本のおじさん（帳場の宮本君とは別人）が私を出迎えに来て泣きながら、小さな包みを私の手に握らせてくれるので、これは何ですか、と訊くと、「これはお金だ。兄貴（私の父）がこれを持って早く遠くへ逃げろと言っている。今、現場は憲兵隊が出動して大変なことになっている」と言うのであった。

こういうときに逃げたら私だけが悪者になり、取り返しのつかないことになる、とっさに私はそう思った。そして、私は歩いて現場に戻ったのである。

そこでは、帽子のあご紐を締めて馬に乗った数人の憲兵隊員らが空に向けてピストルを発射し、乱闘に加担した数百人の作業員らが逃げないように円を作って駆け回りながら、動くと打つぞと怒鳴っていた。サイドカーが一台止まっていて、その横に立っている人が憲兵隊の隊長らしく見えた。

私は憲兵隊長らしき者の前に行き、「申し上げます」と言うと、「お前は何者だ」と隊長らしき人物が聞く。私は、第一班の責任者である松浦です、と言った。隊長は、包帯を巻いている私の顔をじっと睨んでから、憲兵隊に同行せよと命令調で言った。私は「ハイ」と答え、それから隊長のサイドカーに乗せられて富田村の憲兵部隊に行き、担当憲兵から調書を取られた。私は憲兵部隊に二晩泊められた後、無断でどこへも行かないこと、工事に全力を尽くして国家に奉仕すること、二度と騒動を起さないこと、部隊から再度出頭命令があった場合には即刻出頭すること、などの条件付きで釈放された。

それから憲兵隊は、渡日以来の私のことについて洗いざらい調べたようだが、思想的には疑われる余地のない潔白さで、犯罪歴も全くないことが確認されたためか、その後は何事もなく済んだ。

この大騒動事件が無事に収まったことについて、私なりに考えてみたが、次のような見方ができるのではないかと思った。まず、徴用工たちの悪質な行為が先にあったことが明らかになった。そして私に犯罪歴がなく、どこでも真面目に仕事をしていたことが判明した。また騒動が終わった後に徴用工の二人が大怪我をしていたため鹿児島県の実家には戻らず、二日後に憲兵隊に出頭して調書を取られることになったが、二人が飯場での喧嘩の内容や投石を否定するなどのウソを述べたために、彼らの悪事が明らかになったことだ。

そして、あの突貫工事には私（松浦）という人間が必要であったこと、現場の軍の工事監督であった中尉と現場所長が今後の責任を持つと言って、私の釈放を要請したことなどが無事に収まった要因であった。いずれにせよ私は無罪放免となり、他に一人の犠牲者も出さずにことの結末がついたのでほっとしたのであった。

海軍工廠工事現場からの脱出

宮崎県の空軍飛行場建設工事を完成し東京へ帰ろうと思っていたところに、知り合いの金本親方がやってきて、江田島（広島県）の海軍工廠の工事を請負っている、悪いようにはしないから一緒にやってくれ、と頼むのである。世話役と相談したところ、やりましょうと言うので私は気安く承諾し、作業員三〇人を連れて江田島港に着いた。

そこには、海軍のいかりのマークをつけた大型トラックが私たちを待っていた。私たちはそのトラックに乗ったが、険しい地形の坂道は通らず軍専用の中央道を走って飯場に向かった。

翌朝、金本さんに工事現場を案内してもらい、私はそのひどさにびっくりした。そして工事単価を聞いてさらにびっくりした。そんな単価でできる仕事ではなかったからだ。それから、金本さんの飯場に行ってみて、私は唖然として言葉が出なかった。彼が連れてきたはずの若い衆は全員逃げ去り、夫婦二人だけが残っていたのである。彼は私に、あなたならできると思った、と言いながら頭を下げるのである。

そこで私は、もはや金本さんを責めても何の足しにもならないと思い、差し当たり仕事をしながらここから脱出する術を考えることにした。

しかし軍の工事で、仕事を完成しないうちに元請負の鹿島組から暇をもらうことはまず不可能である。それに父の病気はますますひどくなり、歩行すらできない状態になっていた。さらに、ここまで来る際には軍用トラックが約四〇人分の所帯道具と作業員三〇人を乗せて運搬してくれたが、あれだけの荷物を持ってあの細い坂道を逃げる術はない。逮捕される可能性は充分ありで、脱出の妙案は浮かばない。

工事は、急な斜面をハッパで崩し、急勾配を下って海辺を埋める工事で、トロッコに土を積んでブレーキを踏みながら下り、土を下ろしてから空のトロッコを上の土取り場に押し上げて戻すのだが、傾斜が急なため三人がかりで押し上げなければならない。これでは決められた単価では半人前の分にもならなかった。このような仕事は労働者たちが最も嫌がる仕事であった。現場に着いて一カ月も経たないうちに作業員は一人去り、二人去りして、一五人位しか残らなかった。この後半月もすれば、幹部三、四人を残して全員いなくなるのは明白である。鹿島建設の現場所長に辞めさせてくださいとお願いしたが、国家のための工事だからもう少し頑張ってくれの一点張りで、らちがあかない。ここまで来たら、イチかバチか運を天に任せて脱出の方法を考える以外に道はないと決心し、現場には一〇人ほどの若い衆を送り、世話役と三人に荷造りをさせた。

私は竹竿に白い布をつけて旗を作り、それを持って山の下の海辺まで下りて行き、通る舟に向って呼びかけた。そこには軍に物品を納入して帰る空の運搬船がひっきりなしに運航していたが、竹竿の旗を見たはずなのに、どの舟も岸に寄ってはくれなかった。しかし私は諦めず、翌日も同じ所で同じことを繰り返した。すると真新しい木造船が私たちの岸辺に寄って来たのである。私は浅瀬の奥にまで入り、船長らしき人に向って叫んだ。私はここの工事をしていたが、私の請負った仕事が完成したので東京へ帰りたい。父が病気で難儀しているので、どうか宇品でもどこでもいいから近くの港まで乗せてくれないかと頼んだ。それを聞いて二、三人が相談していたが、間もなく乗せてくれるとの返事だったので、私は涙がこぼれるほど嬉しかった。

大急ぎで父を戸板に乗せて船に運び、荷物と一五人の乗船が完了したところで舟は走り出した。私は本当に嬉しかったが、同時に後方から追っかけてくる者はいないだろうかと怖さと心配でたまらなかった。そこで頭を上げて後方を見渡したところ、船長が、ここは軍港だから顔を出して眺めたり写真を撮ったりしてはならないところだ、と怒られた。それで首を引っ込めたが、どうなることかと心配でならなかった。

やがて船は無事、港に着いた。私たちの荷物が下ろされるのを見て、私は船長に礼金を払い感謝の挨拶をした。ちょうどその時、一人の男から声をかけられた。その人は土建屋の親方風のタイプの人で、名前を沓掛《くつかけ》と言った。

彼は私に、広島県の太田川の大水害で発電所の水路が埋まり、改修工事を始めるところだが、上流部分の工事を引き受けてくれないかとの話を持ち込んだ。私は即座に承諾し、現場の日浦村に行った。この仕事をやっている時、父が亡くなった。肝硬変で苦しんでいたが、病院を抜け出して私に合流した後も、好きな酒を毎日欠かさなかった父だった。

この工事が終わり、東京に戻って池田建設の指定名義人として下請け仕事をしていたが、長野県野沢町にある軍関係の帝国自動車の工事を請け負うことになった。野沢町の山際にあるお寺の木村さんの離れを借りて住居とし、さらにその下の道路際に飯場を二棟建てた。そして、必要な家財や工具が国鉄中央線から届くはずだったが、いつまで経っても荷物が到着しない。困り果てて調べたところ、中央線の小淵沢駅構内で米空軍機から銃撃を受け、私の荷物を積んだ貨車が銃弾にぶち抜かれていたので、この貨車を止めて調べていたことが分った。

荷物が届いて工事は始まったが、間もなく日本の敗戦で工事は中断し、打ち切り精算となったのである。

第三章　日本敗戦と祖国独立

朝鮮解放の年に

一九四五（昭和二〇）年八月一五日、日本の敗戦とともにわが祖国の朝鮮は独立し、民族は解放された。

この年に私は東京に戻り、東京都渋谷区宇田川町二四番地（現在の渋谷区役所下の東武ホテルのあるところ）に自宅を新築して住み、神宮通り（現在の住友信託銀行があるところ）に事務所を建設して、旭土木株式会社を設立した。

そのころのある土曜日に、池田建設から以前の工事代金七〇万円余りを銀行の閉店間際に受け取った。その小切手を、富士銀行の青山支店に電話をしてから持ち込み、急いでその日のうちに入金したので、やれやれと思っていたところ、翌日曜日の新聞朝刊でその日からの預金封鎖が報じられていた。

当時の七〇万円は大金であり、労務賃金や諸支払いの金だったので、大変苦しい目にあった。長男の健一はこの年に生まれた。

旭土木株式会社は、池田建設株式会社の元重役であった星野斉氏を専務取締役に迎え、茨城県の山林の立木を買い、それを伐採して戦後の住宅建設の木材として役立たせた。また、池田建設が横須賀の逗子海軍工廠の住宅を解体し、東京青山南町の住宅公団に移築する工事を請負っていたが、旭土木はこれを下請負した。このころ、長年私の会社で世話役を務めていた愛知県出身の鳥井小太郎氏が、青山二丁目の赤提灯の屋台でメチル酒を飲んで変死したことは、極めて残念なこととして記憶に残っている。

劇団ムーランルージュとの関わり

終戦直前のことである。私が長野県野沢の工事現場を見回っていた時、不馴れな仕草で仕事をしている者の姿が気になったので、脇にいた世話役に、彼は何者だと聞くと、世話役は、なんでも芸能関係の者だが、使い切れないので今月いっぱいで辞めさせるつもりです、と言うのであった。私は、彼は読み書きはできるだろうから帳場の見習いにでも使ってみたらどうだろうと言った。それで結局、彼は終戦まで私の会社で働いた。

彼の名前は伊藤隆盛といったが、戦後まもなく、その伊藤君が背広姿で渋谷の私の自宅に現れたのである。彼は、あのとき大変お世話になりましたので、お礼に参りましたと言う。そして、私はムーランルージュの佐々木千里オーナーの部下ですが、戦争も終わったので演劇を続けるつもりです、との話であった。それから一カ月後、伊藤君がまた私の自宅に現れ、このときの話は、佐々木オーナーが国会議員選挙に出馬するため出身地の静岡に帰るので、ムーランルージュをお前がやれと言われ、その準備をしているところです。絶対にご迷惑はかけませんから応援してください、と言い頭を下げるので、私は深く考えもせずにできるだけのことはすると言ってしまったのである。

それから数日後、伊藤君が新宿駅東口の新宿国際会館での演劇常打ちをムーランルージュが行なうと報告した後、差し当たりの人件費、その他の経費を立て替えてくださいと頼むので、約束した以上、わけのわからないこととは思いながらも、必要な手当てをしてやった。それから次々と要求に応じて支払うことになり、私はこれは困ったと思っていた。しかし伊藤君は、終戦から間がなく復興もまだ進まないので成績が上がらないのですが、必ず損は取り戻しますと言う。半信半疑ではあるが乗りかかった船だからと我慢してみることにした。その後、新宿国際会館の小屋主は、自分のところで使用するのでとムーランルージュに明け渡しを要求し、それを督促していたらしい。そこで伊藤君は、渋谷の東急会館で常打ちすることを決めたという。東急では、ムーランが演るなら是非どうぞと言い、笠置シズ子さんのブギウギ公演を四階から三階に移し、広い四階をムーランに提供してくれたので、そこで上演をした。

ところが、新宿国際会館では「新宿ムーランルージュ」の看板で上演しているというので、私が直接行ってみた。それは事実であった。私はその場で小柳支配人に抗議した。これは全く理不尽な行為ではないか。国際さんの言う通りに紳士的に明け渡したのに、ムーランルージュの名前をここにつけて開演するとは許されることではない。すぐに看板を下ろすこと、私が今までムーランにつぎ込んだ赤字の一部を支払うべきことを主張したところ、小柳支配人は「とにかく悪いと思います。国際会館のオーナーに話して明日返事をします」と言うので、私は一旦引き揚げることにした。

翌日、国際会館の小柳支配人が来て、上演中の劇は一週間で入れ替えるもので、四日後には終わる。四日間続けさせてください。その後、ムーランルージュの看板は絶対に使わないから、よろしくお願いしますと言うのであった。私はそれを承知し、五日後に小屋に行って見た。「新宿ムーランルージュ」の看板はなく、「小議会」という名称で公演を行なっていた。

伊藤君は、その年の一二月初旬の一〇日間を浅草の常盤座で興業を行なった。「リンゴの歌」で売りだしの並木路子とアキレタボーイズ・グループ、そしてムーランルージュの編成で行なったのだが、結果はここでも大赤字だった。後で分かったことだが、一二月の興業はお客の入りが悪く、赤字が出るのが常識とのことであった。私は伊藤君に以後資金援助はしないことを言い渡した。

歌舞伎町の復興

そのころ、新宿の鈴木喜平さんが、角筈町の大地主である町田さんの協力を得て区画整理組合を作り、町名を歌舞伎町に改名するとともに一大歓楽街を造る計画をしていた。

その計画では、メインに歌舞伎座を置き、その向かいに自由劇場、映画館三つ、歌劇劇場一つ、その周囲にいろいろな店舗を揃えるというものであった。

この区画整理組合の顧問で元内務省出身の上田誠一さんが私の会社に来て、区画整理計画について説明し、ムーランルージュが是非参加して協力して下さるようお願いしたいとのことであった。私としては願ってもないことだったので、協力を約束した。それから数日後に一区画三〇〇坪を購入した。しかし、この計画はなかなか進展しなかった。

その理由は、マッカーサー総司令部（ＧＨＱ）が許可を下ろさなかったからである。ＧＨＱは、先進国における住宅と映画館、キャバレー、ダンスホールなどの比率を比べて、敗戦国の日本は住宅の比率が低すぎる。従って映画館は許可できないとのことであった。推進する側でいくら運動をしても、返事は常にＮＯである。そのようなかで区画整理事務所から私に、強力に許可運動をするため、ムーランの建築予定地の周囲に丸太で足場を架けてもらいたいとの依頼をうけ、希望通りに茨城県の山林から足場用の丸太を持ち込み、しっかりした足場を囲った。

それから数ヵ月後、ＧＨＱから、新宿児童文化会館の名目で一館だけが許可されたという。四館のうち、この権利をどちらに与えるかでくじ引きをした。くじは地球座の林イブンさんに当った。そのような状況で、私は歌舞伎町のことなど忘れて、キティ・アイオン台風の時に大被害を受けた静岡県小山町周辺の復旧工事に全力を注入していた。それから間もなく、林イブンさんと東京で面談したとき、林さんはムーランルージュの看板がほしいと言うので、私にとってその看板は無用の長物であったので、あげますよと返事をした。すると林さんは喜んで、お幾らでいいでしょうかと聞くので、私はお金は要りませんから、しっかりやってくださいと言ってその場で別れた。後日、林さんの使いという人が「お礼金」として一五万円を届けてくれた。

また、それと同じころだったと思うが、新宿の榎本不動産社長が小山町の現場にいる私の前に現れ、歌舞伎町の土地を買いたい人がいるので売ってくださいと言うのである。私は、今ここの工事が忙しいと言って話を断った。それから半月もたたないうちにまた榎本さんが現れ、旅館の酒席に私を案内した。彼いわく、社長さんはこのような有意義な工事を先頭に立ってやっておられるので、私は社長さんを心から敬服しております。それはともかく、歌舞伎町の土地を是非売ってください、と粘ってくるので、私はその粘りに負けて、いくらで買うのかと尋ねてみた。彼は、駆け引きなしで四〇〇万円で買いたい人がいると言うのである。あの土地を私が持っていても、計画はいつ許可になるのか分からないので、売ると約束した。そして、すぐ東京に行き取引を済ませた。

現在の歌舞伎町の状況を見るとき、実に惜しいことをしてしまったと思うようになった。しかしそれは、後悔先に立たずのことである。

小山町護岸復旧工事中の事件

一九四八（昭和二三）年の、キティ・アイオン台風の被害で決壊した東海道線の旧御殿場線小山町一帯の復旧工事の大部分を、静岡県から池田建設が受注した。それをさらに、現場所長であった渡美松さんからの要請を受けた私が、護岸と堰堤工事の大部分を受注した。台風で決壊した小山町の護岸復旧工事をやっている最中に、静岡県の現場所長である山崎さんが、小山町の木村食堂の店主に拉致される事件が起きた。この事件の知らせを聞いて、私はすぐに木村食堂を訪ねた。

店には奥さんらしい女性が一人いて、主人は出かけていないと言った。その女性に、私は池田建設の松浦だが、ここに山崎所長さんが来ているでしょう、と尋ねると、彼女はびっくりした様子で黙っていた。私が、今山崎さんを無事に帰さないとただでは済まないぞ、山崎所長はどこにいるのだ、とさらに問い詰めると、女性は隣の和室に行き押入を指差した。私は水に濡れた足袋を履いたまま部屋に上がり、押入の襖を開けてみたら、山崎所長が手拭で猿ぐつわをはめられ紐で縛られていた。私は山崎さんを押入から引き出し、手拭と紐をほどいて、もう大丈夫ですよ、帰りましょうと言った。すると山崎さんは小さな声で、有難うと言いながら震えていた。私は彼を安心させて慰めながら池田組の事務所に連れて行き、池田組の所長に預けた。

それから二、三日後の夕刻、大型トラックに二〇人くらいの男が乗って来て、高台にある私の飯場の前で松浦を出せと怒鳴るので、私は居合わせていた五、六人の者らと一緒に外に出た。連中のボスらしく見える男に、私が松浦だが何でしょうかと尋ねた。するとその男はいきなり私の左頬を殴ってきたのである。その瞬間、私は私を殴る男の背後でピストルを構えている男の姿がチラッと目に入った。私は、何をするのだといきり立つ若者らを制し、殴った男に向って、これは何の真似かね、と開き直った。私を殴ったその男は、俺は在日朝鮮人連盟山北支部の委員長の金今石《キムグムソク》だと名乗った。そして、木村食堂の店主は俺の支部に所属している連盟員だ。山崎所長は悪いやつで、懲らしめてやらねばならない。それなのに、勝手な真似をしたので挨拶に来た、とのことであった。

その時、私の側にも本部屋と下請部屋など四〇人以上の若い衆が、私の後にじっと控えていた。そのことを委員長の金さんも気にしているようだった。私の脳裏には、宮崎県での事件の経験が走った。私はこの場を無事に収めなければならないと思い、私は彼に、山崎所長の良し悪しについて私は知らない。山崎さんは私が仕事をしている工事の静岡県側の所長だ。所長が不法に拉致されたから、私が救出するのは当然ではないか、と抗弁した。そうこうと言い争いとなり、私がきょうはこのまま引き揚げてもらいたい、日を改めて結論を出すようにしようと提案した。すると金委員長は、山北には沿線一の日本人親方がいる、その親方を連れて自分から来ると言うのである。私は承知したと言い、引き揚げてもらった。

翌日、この騒ぎを知らされた義弟の権君が地元の立川へ飛び、吉田組の組長ほか数人を連れて来て、この件は自分たちに任せてくれと言うのである。私は相手がいつ現れるかもしれないし、工事に専念しなければならないので、なるべく円満に話をつけることを条件に委任した。

ところが、それからいくら待機していても相手は現れない。電話をしても留守で通じない。これではらちが明かないと思って、吉田組長ら五人が山北の連盟事務所に乗り込んだ。しかしその家に朝鮮人連盟の盟員は一人もいなかった。私服警官三人がいろりを囲んでいて、私たちは留守番のものだと言うので、引き揚げて帰った。その二日後に向こうから電話があり、今から行くと言うので待機していたところ、副委員長という者が日本人の親分らしい者を連れて現れた。彼らは酒樽を持参し、この件はこれで打ち切りにしたいと提案したので、私もよろしいと承知した。こうして拉致騒ぎは無事に収まることになった。

しかしその後、山崎所長は工事現場でも見えなかったし、電話一本もなかった。

小山町護岸復旧工事場には、後から桑島建設、鹿島建設などが入って来て、賑わうようになった。するといつの間にか熱海の暴力団一家が来て泊り込み、親分を先頭に各建設業者を回りながら寄付金を集めていた。彼らは夕方になると親分に連れられて飲みに行くのである。

そうした時のある夕刻、私のところの若い衆で中村君と鈴木君が銭湯帰りの路地で、すれ違う暴力団グループにぶつかったらしい。そこでなんやかやと因縁をつけられ、しまいには五、六人が殴りかかったのである。中村君はすばやく逃げたが、逃げながら後ろを振り向くと、鈴木君が捕まえられて足蹴りされていた。そこで中村君は、そばにあった手巻きウィンチのハンドルを抜き、この集団に近寄って、一人の男の膝を殴りつけ大怪我をさせてしまったのである。まずいことに怪我の相手は親分であった。彼らは富士紡績の病院に入院し、子分たちは気勢を上げていた。

この騒ぎの連絡を受けた私はすぐ小山に行き、早速怪我人が入院している病院に見舞いに行ったのだが、子分の若衆らがピストルを空に向けてパンパンと撃ち、私に脅しをかけるのである。そうした中で病院に入り、丁寧に頭を下げてあいさつをしてから、私は本日は取り急ぎお見舞いに参りました、話はまた後日にさせて頂きたいと思っております、と言った。親分は私の言葉を承知し、子分らの気勢を制したので、私は無事に工事現場に戻ることができた。

数日後、昔、この辺りの大親分であった中江親分が近くにいるが、彼なら話をつけられると申し出る者が現れた。その大親分という人は、ヤクザの世界からきっぱり足を洗って、数人の若い衆とこの現場で工事の仕事をしていたのである。私が中江さんを訪問して話をしたら、中江さんは事件の内容はよく知っていて気持ちよく引き受けてくれた。中江さんが先方の親分と話し合ってすべてを丸く収め、たかり屋の一家は引き揚げた。足を洗っても中江親分の威力は大したものだと感謝した。この他にもいろいろなことがあったが、工事は予定通り完成し、私は相当の利益を得ることができた。

その後、池田建設は小牧のB29飛行場の建設や北海道の炭鉱工事などを盛大にやっていたが、間もなく経営が苦しくなり、池田社長以下重役らが入れ替わったので、私も手を引くことにした。

それから私は、神宮通り一丁目（現在の住友信託銀行ビル地）に二階建ての宇田川会館を建築し、一階の一部を会社「旭土木」の事務所にして不動産売買や土木建築の営業に使い、表道路に面した部分は店舗にして、あのころからはやり出したパチンコ店「国際ホール」を開設し、二階は囲碁倶楽部にした。

パチンコ店で刑務所帰りの男が大暴れ

渋谷区宇田川町に在住しながら、荒川の京成電鉄新三河駅の脇にある料理店を賃借して改造し、パチンコ店「オリンピア」を開店した。裏側の座敷二間と台所、トイレなどはそのまま残して使うことにした。

この三河支店の運営には、家内の石井数江が経理などの事務を担当して働いた。

その店の常連客の中に、部下を連れてくる中年の奥方が一人いたが、ある日彼女から、自分の主人を紹介したいので自宅にお越しくださいませんかと言われ、私は彼女の招待に応ずることにした。

　そのお宅を訪問する前に、隣組の某有力者と世間話をしているうちに何気なく招待された話をしたら、彼いわく、そのご婦人の旦那であるMさんは元ヤクザの大親分であったが、足を洗って堅気になり、繊維関係の取引で儲けて現在の大邸宅に住むようになったという話であった。二、三日後の夕刻に迎えられ、いろいろとお話を伺いながらご馳走になったが、本当にびっくりするほどの大邸宅で、御主人も立派な方であった。

　それから約一カ月後の話である。パチンコの店内で中年の男が暴れ、理由もなしに店員らを殴る騒ぎが起きた。私はその男に裏側の事務所に来てもらって話を聞いてみた。彼の話は「俺は銀というものだ。数日前に刑務所から帰ってきたが、以前はなかったパチンコ屋が、俺に挨拶もなしに勝手に商売をやっている。これは許せない。若い者らを連れて来て毎日暴れてやる」の一点張りで、何を言っても通じない。私は商売仲間の回し者かも知れないと思った。当時、この近所にはパチンコ店が密集していて、都内でも競争の激しい地区であった。最後に私は彼に「あなたはこの店に入ることを禁止します」と言い渡したのである。彼は出て行きながら、「覚えていろ」と言い捨てて帰った。

　その翌日の昼ごろ、M夫人から電話がかかり、私の弟である銀が若い衆を連れて日本刀を持ってそちらへ向った。私もすぐ飛んで行くから、裏口の戸締りをしっかりして、彼らを入れないように、と言うのである。大変なことになったと思いながら、笛木店長を呼んでこのことについて話をした。

それから、義弟の金沢君を店の警備にまわし、店長と私は裏入口の戸締りをして、念のために木刀を用意した。さらに台所の出刃包丁と刺身包丁を傍らにおいて、M夫人の到着を待っていた。

裏口は路地に面し、入口の横には大きなゴミ箱がひとつ置かれていた。そのゴミ箱の上に登って板塀の上を両手で押さえ、銀さんと鉢巻をした若い衆の顔がぬっと現れ、まさに板塀を乗り越えようとしたその瞬間、自動車の急停車する音とともに「銀、待て！」という女性の大声が聞こえた。銀と若い衆は立ち往生した。「ここの社長とお前の兄は親友なんだ。早く下りなさい」と女性は怒鳴った。銀らはゴミ箱から下りて車で去り、M夫人は私に、改めてお伺いしますと言って走り去った。ほんの一瞬の出来事であったが、無事に助かってほっとしたのである。

それから二日後、銀さんは酒を二本持参して謝罪に来た。

数日後に今度は荒川警察署から刑事が二人来て、警察の銃砲刀取締法令が変わったが知っているか、と尋ねるのである。私は新聞の記事でチラッと見たことがある、と答えた。すると刑事らは私に、今武器を警察に差し出せば犯罪にならないから、持っている武器を出しなさいと言う。私がそんなもの持っていませんよと言うと、刑事は確かな筋からあなたがピストルを持っているという話を聞いたと言う。それは何かの間違いでしょうとピストルの所持を否定した。刑事はさらに、よく考えて提出してください、それがあなたのためですよ、また来ますからと言って立ち去った。

私は笛木店長と話し合いながら、これは銀さん事件で私がピストルを突き付けて解決したと、誰かが刑事にニセ情報を持ち込んだのではないかと感じた。

月が変わって刑事がまた現れた。私は刑事に、懐妊もしていない子供を生めと責められても、それは無理な話ですよ、いくら責めても子供は産まれませんと言って帰した。それから刑事は一度も現れなかった。

家内の入院と私の定期便

私の妻、石井数江が三河島店の経理などを担当して働いていた時のことである。

いつの間にか家内の顔色がかなり悪くなった。咳も止まらない。町屋の耳鼻咽喉科に六カ月も通い治療を受けたが、症状はよくならずだんだんやせていくばかりである。その年の一九五五（昭和三〇）年四月三〇日、私は家内を渋谷区広尾町の日赤中央病院に連れて行き、診察を受けさせることにした。さいわいに、結核の権威者といわれた福島健夫先生の診察を受けることができたが、先生は私にすぐ入院させないと大変だと言い、翌五月一日に入院させられた。

二日後に私も診察を受けた。福島先生はレントゲン写真を調べた後、御主人は心配ないようだ。あなたの肺には空洞があるが、それは固まっている。結核にかかった経験があるでしょう。あなたが気が付かないうちに固まってしまったのでしょうと言われる。私は先生の話を聞きながら、しばらく考えてみた。そういえば二〇歳前後のころ、体調が悪くて何をしても力が入らず、父からは、いい若い者が何だ、と怒鳴られたことを思い出し、そんな症状があったことを先生に話したら、結核にかかったのはそのころでしょうと付け加えられた。

家内の病室は、本館から南に長い板張り廊下を歩き、南端の木造平屋建の隔離病棟であった。西半分は男子病棟で、東半分が女子病棟であったが、家内はそこの定員四人部屋に入った。

福島先生は、奥さんは安静第一の重病人です、通院していた町屋の先生は何も言わなかったかね、当然知っていたはずだがと厳しい。それから福島先生はあらたまって、奥さんの病気を治すためには医学だけでは限界がある。そこで御主人の協力が絶対必要になってくると言うのである。私は、何をすればよいのでしょうか、どんなことでもしましょう、と答えた。福島先生は、奥さんは安静第一で、ベッドから降りて洗面所やトイレなどに歩いて行ってはいけない状態です。病院における医療関係の力は三分の一で、御主人の力が三分の二、それくらいの役割が必要です。

そのために、と先生は続けて言う。まず栄養価の高い食事を一日一回持ち込むことです（注：当時、普通の食事は人造米入りであった）。そして、その食事は御主人が必ず運ぶことです。先生はさらに、これは長期にわたることになるため、大変でしょうが、病人を助けるためには是非お願いしたいことです、と念を押すのであった。

私は、家内のためですからそのようにしますが、なぜ毎日私が持参せねばならないのですかと尋ねてみた。すると福島先生は「そうです、それが最高の良薬なのです。ここの患者は四六時中、死神と闘いながら闘病の日々を送っているから、最も近い人の助けがもっとも有効の薬になるのです」と言うのである。そして先生はある悪い例として、こう話した。ある御主人が週に二、三回面会に来た時、奥さんは大変喜んで病状も回復に向っていたが、一カ月後には月に一回くらいになり、そのうち女ができたらしいとの噂話も伝えられるようになった。それから彼の奥さんの病状はますます悪化した。つまり、御主人が毎日栄養価のある食事を運ぶことによって、肉体的にも精神的にも患者の健康は回復に向かう力を得るのです。この役割ができるのはあなただけです、と力説するのであった。

私は、先生、有難うございます。必ず実行しますと答えたら、先生は大変喜んでくださった。家内の病気がこれほど悪化しているのには私も驚き、なんとしても助けなければと決心した。

幸いに、病院は私の自宅から自転車で行かれる距離だった。お手伝いさんが鶏を煮てスープを取るなどし、またその他の料理を作って、私がそれを運んだ。都合よく、近道の裏門から病棟の中庭まで入ることができたので、そのうち私は飼い犬のフロード（シェパード）を引いて自転車で通うようになった。その場合、必ず男子病棟の前を通らねばならないわけだったが、私が通るたびに男の患者たちは一斉に顔をあげて私を見るのであった。男たちのその様子を私が家内に話したら、彼女はくすくす笑うだけだった。私がそのわけを教えてくれないと明日から食事はお手伝いさんに届けさせるよ、と脅かすと、あなたは定期便という名で有名なのよ、と話してくれた。家内はお蔭様で予想より早く二年足らずで退院し、家から通院するようになった。家内も私も、福島先生には心から感謝し、その御恩は生涯忘れないだろう。

詐欺師・権赫始のこと

この話は、第二部で述べる話を読んでもらえれば理解していただけようが、韓国中央情報部による捏造録音事件から端を発した民団の混乱事態と、朴正熙《パクチョンヒ》独裁政権打倒運動、金大中先生救出運動の中心に身を置く運命となったために、私は故郷の親族をすべて失うことになった。生まれ故郷を訪れる術を国家権力から奪われただけでなく、故郷の親戚からも「決してふるさとへ帰らないでくれ」の伝言があったからである。

当時はまだ渋谷区の宇田川町に居住していた時のことである。長男の健一は大向小学校、松濤中学校を経て立教大学付属の志木高校を卒業し、大学も立教大学を卒業した。そして一人しかいない弟の在植も明治大学を卒業させた。私は二人が大学を卒業した後、長男と弟を伴って生まれ故郷へ帰ってみたかったが、その望みはついに果たせなかった。

そのころのある日、私の同郷人で、民団の役員経験もあるという権赫始《クォンヒョクシ》という男が現れた。彼は、あなたの妹である在粉《ジェプン》さんが故郷で苦労しているようだ。近いうちに訪韓するのだが、もし金を送りたければ私が持っていって届けてあげる、と言ってきた。そのときの金額がいくらであったか確かな記憶はないが、金を彼に託した。その後も何回か、彼が訪韓の直前だと言って私のところに来るたびに、妹に送る金を委託した。そして今度は、妹さんが、街道筋に適当な売家があって、三〇〇万円もあればそれを買ってうどん屋をやりたいと言っている、と言うので、また金を渡した。

ずっと後になって妹の在粉が東京に来たので、その話をしたら、権さんからは何回か数万円届けてくれたのを有難くもらったが、三〇〇万円とか、うどん屋とかの話をしたことはないと言うのである。やはり私は騙されていたのであった。

権赫始という男が詐欺師であることが判明する以前に、さらにこんなことがあった。彼が私のところに現れて、逗子信用組合の組合長の甥で、組合に顔が利く知人がいる。まとまった金を預金しておけば、相当の事業資金を借りられると持ちかけてきた。

当時、私は山梨県長坂町にゴルフ場建設を計画中だったので、杉並区今川一丁目一番地の新築の自宅とその土地約一一〇〇坪を一三億円余りで売却し、借入金を返済した残金三億円が手元にあったので、それを権赫始が勧める逗子信用組合に預金した。

その組合側は、当組合では創立以来初めての大口預金なのでと言い、一席もうけてくれた。

その後、ゴルフ場の土地買収のために五〇〇〇万円を引き出し、それから間もなく土地代金を支払うために私が直接引き出しに行ったが、残金が二億円しかない。従って、あるはずの五〇〇〇万円を誰かがすでに引き出していたことが判明した。

早速、権赫始と組合長の甥を呼んで質したところ、彼らが五〇〇〇万円を引き出したことが明らかになった。彼らはその金で岩手県久慈の砂利山を買い取り、すでにブルドーザーを入れて砂利の採取作業をしていた。

私は弁護士を入れてその山を取り戻したが、砂利も砂も売れなかった。そのうえに土地の保有税ばかりがかかり、七、八年支払ったが、今はそれもストップしている。

この時期、私は民団東京本部の団長で、民団中央本部および駐日韓国大使館の情報公使・金在権《キムジエクオン》らと闘っている最中であった。そんな折、私の故郷と家族や親族の事情をよく知っている権赫始が、在日の事情と本国の政情を悪用して詐欺行為を働いていたのである。実に嘆かわしいことであった。

第二部　闘争

第四章　民族運動の始まり

祖国は解放されたけれど

一九四五（昭和二〇）年八月一五日、日本がポツダム宣言を受諾することによって敗戦が決まり、戦争は終結して植民地朝鮮は解放された。それまで、祖国を奪われた民として宗主国日本の炭鉱と土木工事現場、軍需工場などで奴隷のような強制労働を強いられていたわが同胞は、解放された喜びをもってその多くは懐かしい祖国を目指して帰国の途についた。かつて関釜連絡船に乗せられ玄界灘を渡って降りた下関港や博多には、炭鉱や工事現場からやってきた朝鮮民衆が続々と集まり、帰国船を待つことになった。

しかし、日本政府もアメリカ占領軍も、解放された祖国へ帰ろうとする朝鮮人のための船をなかなか用意してくれなかった。一九四六（昭和二一）年四月ごろからようやく船を出してくれたが、多くの同胞がその前に自分たちの力で船を工面しなければならなかった。特に強制連行で家族を残して日本に来ざるをえなかった同胞のほとんどは、一刻も早く故郷に帰りたい気持ちと、解放された喜びと希望を抱いて帰国船を待っていた。けれども、興奮と混乱の渦巻くなかで引揚船は順調に出航せず、船を待って足止めされているうちに帰国を断念する者、船に乗り遅れる者たちも出た。港の宿で月日が経つうちに、帰るべき祖国は大混乱状態にあるという情報が伝わり、人々は不安とためらいの末、帰国を断念する者も出た。

そのうえ、帰国の際、日本での財産を捨てて行かなければならないという過酷な制限（当時一〇〇〇円の持参金までが許された）は、すでに故郷の田畑や土地はなくなり、肉親との音信も途絶えてない者にとって、帰るべき故郷の村にいまさら割り込む余地もないという事情の変化も生じていた。

そのうちに祖国の分断や戦争の発生などで、ついに帰国をあきらめて「在日」となった朝鮮人は約六〇万人となった。一九四五年八月当時、約二一〇万人いた在日朝鮮人にうち、一五〇万人が帰国したことになる。

こうして生じた「在日」は、日本政府からもアメリカ占領軍からも、何の生活上の保障も与えられず、いわば勝手に生きていけという形で、混乱と不安の日本という異国の社会に放り出されるはめになる。

日本敗戦後の、こうした同胞の帰国事業や日本に残る在日同胞の生活権および法的地位確保などを自らの力で構築していくため、在日朝鮮人連盟（朝連）が結成された。一九四五年一〇月のことだ。

民団渋谷支部結成に参加

朝連は結成された当初から左右の思惑による内部紛争が続き、翌一九四六年一〇月には分裂して「在日朝鮮居留民団」（後の韓国民団）が結成された。「民団東京本部」は翌一九四七年二月に発足したものの、組織の基盤がなかったため、これという活動実績がほとんどなかった。このころ、民団東京本部は都内各地の支部組織作りを模索していた時代で、渋谷支部は都内でも最も早い時期の一九四八年九月に結成された。

私は、このころから在日同胞の生活と地位問題に関心があったので、渋谷支部結成の中心メンバーの一員として働いた。初代団長には呉宇泳《オウヨン》先生が選ばれ、私は監察委員長の任務を引き受けることになり、民族組織活動の第一歩を踏み出したのであった。この時期のことと記憶しているが、渋谷区の在日韓国人納税貯蓄組合長も兼任し、民団同胞商工人の納税にかかわる諸問題についての相談や納税申告事務代行などを行なった。

このころの民団の組織活動は、同胞の人権と権益を守り、生活の基盤を築くことが何よりも急務であった。ところが現実には、本国における南北分断・戦争という状況を反映して、民団と朝鮮総連

（在日本朝鮮人総連合会、一九五五年発足）の対立と抗争が絶え間なく続き、イデオロギー宣伝と勢力争いに明け暮れるありさまであった。

そのようなことで、私はまわりの勧めを拒み切れず、一九五三（昭和二八）年四月から支部団長職を一期務めることになった。その後は個人の事業に専念したかったが、当時の状況から同胞のこととなると個人的事情にとらわれてばかりもいられず、さらに支部団長職を歴任しなければならないことになるのである。

その間、一九五三年には本国で朝鮮戦争の休戦協定が成立して南北捕虜交換が行なわれ、一九六四（昭和三九）年には東京オリンピックがあった。一九六五（昭和四〇）年六月には韓日基本条約が調印されたが、この会談期間中に行なった在日同胞の法的地位確立のための集会、デモなどの闘争は、その成果の如何を問わず、運動の意義は大きかったと思う。

ここで私は、渋谷支部事務所の建物について、特に明記しておきたい。

当初から民団渋谷支部は、朱洛弼《チュラクピル》氏が経営している飲み屋の二階の一室を事務所として借用していたが、夕刻になって営業が始まると事務所として使うことができなくなる。そのために間もなく宇田川町に土地五五・二三坪を賃借し、そこに木造平屋を建てて事務所とした。現在の支部事務所所有のビルがある土地である。平屋の事務所であったとき、この地区に区画整理が実施されることになったが、そのとき物件の所有者名義が前団長の金己哲《キムギチョル》氏になっていたため問題になった。それをそのままに放置した場合、将来に禍根を残すことになるので、私の在任中に金己哲氏と話し合ったすえ、その物件が民団支部の所有であることを確認した。次は金己哲氏が鄭在俊団長宛に提出した念書の全文を書き写したものである。

念　書

東京都渋谷区宇田川町一五番地の土地五五坪二合三勺は、在日本大韓民国居留民団渋谷支部が借地権を有し、右土地に木造瓦葺平屋建居宅、事務所、建坪一五坪二合五勺の家屋を所有しているが、当地区に区画整理が実施されることになったので地主練馬区谷原一の八四、和田長三郎より渋谷支部に土地所有権を買い上げてくれとの申し出に従い、交渉の結果、金五五万八〇〇〇円にて買い受ける事に決定致しました。当時支部に金員がなかったので渋谷支部の団長である鄭在俊と副団長の鄭南采《チョンナムチェ》と二人で各金二七万九〇〇〇円也を立て替え、昭和三五年三月一五日に金五五万八〇〇〇円也を支払い、所有者を便宜上鄭南采、金己哲の名義にした。

在日本大韓民国居留民団は法人でないので不動産の登記はできないから、たとえ立て替えでなく支部の金で支払っても所有権の名義は支部幹部役員数人の連名にて登記されるのが慣例である。

今般、渋谷支部新築の計画もあり、渋谷支部発展の為、私の立て替え金二七万九〇〇〇円也を渋谷支部に寄付し、所有権移転登記は支部団長の要請があれば無条件にて何時でも実行する。

また、便宜上当分の間、私の名義のままでも建設許可申請の書類等この土地に関し渋谷支部にて必要とする一切の件に無条件協力する。

後日のため、右の通り念書壱札差し入れる。

昭和四二年五月一五日

在日本大韓民国居留民団

渋谷支部団長　鄭在俊殿に金己哲の念書を提出させた。

韓国軍への慰問品と売名分子

話は戻るが、朝鮮戦争のさなか、在日韓国人として私たちも何らかの方法で支援しなければという話が出て、協議した結果、韓国軍に慰問品を送ることで意見がまとまった。

そこで、慰問品を買うための募金を区内の同胞を対象に行なうことにした。まず有力者から大口を募って寄付帳に記入し、それから一般団員の家を訪問することになった。「東亜商会」金己哲氏、董《トン》玉模《オクモ》氏、そして私が大口を出した。その時、「アイレス・カメラ」の金相吉《キムサンギル》社長が一五万円を寄付するというので、寄付台帳のトップに彼の名前を記帳した。後に集金にまわるのだが、金相吉氏だけは何度行ってもずるずる引き延ばした揚げ句、一銭も出してくれなかった。

金相吉氏は当時、渋谷区内にある作曲家の古賀正男邸を強引に占拠して争いになっていたが、他人の家を自分の自宅のように居住している「話題の人物」であった。

そうこうしているうちに韓国内の戦況は益々緊迫し、取り急いで募金を締め切って慰問品を買い、荷造りをしたのである。当時は、まだ韓日間に国交もなかったので韓国大使館はなく、銀座四丁目角の旧服部時計店ビル一階にある駐日韓国代表部に、トラックに慰問品を満載して代表数人が訪問した。

代表部の崔《チュエ》部長には事前に連絡して訪ねたが、部長室には先客が居たため入室できず、私たち一行は別室で待機することになった。ところが、一緒に待っていた呉宇泳先生が、崔部長室でしゃべっている来客が誰で何を話しているかを察したように突然立ち上がり、奥の部長室のドアをノックもせず開けて入った。一瞬のことで驚く間もなく気づいたことだが、部長室の先客はあの「アイレス・カメラ」の金相吉社長だったのである。彼は私たちが慰問品を積んだトラックと一緒に行くことを知ったうえで、私たちより先回りして代表部に行き、一五万円寄付したとの自分の名前が記載されている寄付帳をテーブルの上に開いて置いたまま、崔部長と歓談していたところであった。崔部長は「日本全国の民団で初めてのことです。これは金社長が渋谷にいて御先導したお陰であります。本当に感謝します」などと応待していたところへ、呉宇泳先生が〈突入〉した格好になったわけである。崔部長と向かい合あって座っていた金相吉氏を指差しながら、呉宇泳先生は「このペテン師野郎」と怒鳴りつけた。私たちもいつの間にか部長の部屋に入っていた。呉宇泳先生は金相吉氏に向ってさらに「お前は一銭も出してないじゃないか。団費さえ払ったことのない詐欺野郎のくせに……」と叫びながら、殴りかかるような気配だった。

その瞬間、私は二人の間をさえぎり、金相吉氏にこの場を去るように仕向けた。こうしてその場の騒ぎは収まり、私たちは慰問品と品目明細書を崔部長に渡して退席した。このようにして当時、民団渋谷支部は組織的に内容のある仕事をしているとの評価が高かった。

東京商銀信用組合の設立

祖国解放後、多くの在日同胞は農村からの米の買い出し、ドブロクや焼酎の密造販売、闇市商売、廃品回収などが生活維持の主な手段であった。間もなく社会の治安が安定し、取締りが厳しくなるにつれて、そのような「闇の手段」はだんだんと難しくなった。何か別の道に生きる活路を見出さなければならないともがくが、在日同胞社会に蓄積された資本があるわけはなく、生産業に就こうにも、就職にも、融資の窓口も、在日朝鮮人は門前払いを受けるのがお決まりの、被差別の時代であった。

そこで、民団側の商工人と朝鮮総連側の商工人は、同時にそれぞれの金融機関設立の目標を固め、当局に認可申請したのである。東京都は認可の条件として両陣営の一本化を要求した。当時、祖国では南と北が対立する戦争の最中であったが、両者（民団・総連）は妥協し、左右合作の「同和信用組合」の認可を受け、一九五二（昭和二七）年六月に営業を開始したのであった。

しかし、朝連がそうであったように、金融機関の運営が左右対立や紛争なく順調に行くだろうか、と思った危惧は現実となり、利害対立と勢力対決の矛盾からくる争いは絶えることがなかった。

私は、呉宇泳先生と金得溶《キムトクヨン》、李馬致《イマチ》、崔學林《チュエハクリム》氏らとともに志を固め、民団側の信用組合設立に取りかかった。この準備の拠点として便利な場所を物色していたところ、ある同胞の社長から同氏が所有している駿河台下にある事務所を快く提供してくれたので、組合設立の作業ができたのである。

そこで、私たちは出資希望者を募るかたわら、理事陣と必要書類をそろえて許可申請をしたが、東京都の担当者は相変わらず「金融機関はイデオロギーとは関係ないので、よく話し合って今の同和信用組合と仲良く運営していけばいいじゃないか」と言い、新たに許可することに難色を示すばかりであった。

私たちはいろいろ議論した末に、ある有力者に頼むことに意見をまとめた。以前から懇意にしているその人に事情を話して都へのプッシュをお願いしたところ、約一年後に内諾を得ることができた。

それから、理事予定者の承諾書などを揃えた必要書類を都に提出しなければならない期日が迫ってきたが、そこで思わぬ問題が一つ生じたのである。申請当初にすでに理事予定者の名簿は提出してあったが、その中の一人である朴龍九《パクヨング》氏がなかなか承諾書に捺印をしてくれない。事務当局の者が何度も訪ねて捺印をお願いしても、わけの分からない能書きばかりを並べた揚げ句の果てに、判は押さないというのである。

朴龍九氏といえば、本社が銀座にある「中央土地」の社長で、一時「ニュージャパン・ホテル」の所有者でもあったが、東京在住韓国人のための組合設立の理事のメンバーとしては、是非とも必要な有力者であった。しかし、彼は弁舌がうまく、人をたぶらかす癖があることで知られていた。かつて東京韓国学園建設の時にも同じような態度で振る舞い、関係者を困らせた前例があったからである。

今度の場合も、どうも自分が理事長になるのなら承諾書に捺印してもいいのだが……という魂胆がありながら、そこまで口に出さず、能書きを並べるばかりで捺印はしない。私は考えた揚げ句、彼と親しい仲にある朝鮮奨学会理事の崔鮮《チュエソン》氏と連絡を取って事情を話し、崔鮮氏と一緒に朴龍九氏のところに行って説得することになった。私は朴龍九氏と直接会って、承諾するのかしないのか、どちらかの決着をつける覚悟で、崔鮮氏と二人で中央土地の会社事務所に彼を訪ねたのである。

しかし朴龍九氏は相変わらず能書きを並べるばかりで、結局どうしようというのか理解のできない話であった。彼が断わる意向を明らかにすれば、私たちとしては引き下がるしかないはずであったが、彼の態度はそうでもない。胸の中が煮え繰り返っていた私は、左手で彼の首をつかみ、卑怯者いい加減にしろと言いながら右手のこぶしで彼の顔を殴ってしまった。当たり所が悪かった。一撃で彼の顔から血が流れた。鼻血が出たのである。彼は両手で顔を押さえ、奥の別室に入った。しばらくして彼が元の席に戻った時、私はある種の覚悟をしなければならなかった。彼は別室から何かの武器を持ってくるのではないか、という思いが私の脳裏をよぎったからである。しかしそれは私の危惧に過ぎず、彼は元の席に座って穏やかな声でしゃべり始めた。「鄭さん、あなたのことについては、いろんな人々から聞いて知り、いささか敬意の念を抱いていたんだ。実力があって決断力があり、筋の通らないことには妥協しないらしいとか。だから怒る気持ちを分からんでもないが、暴力はいかんな……」と言いながら、にやりと笑った。私は率直に自分の行き過ぎた行為を悔やみ、彼に謝罪した。

このような状景を、同席の崔鮮さんは一言も語らず見守っていた。私も崔鮮さんに対しては、良識ある人格者がことの成り行きをありのまま見守る証人になってくれることを願っていたのである。

結局、この席で朴龍九氏は理事承諾書に捺印し、ことは円満に決着した。

一方、出資金の集金がなかなか約束通り進まない。私の管轄である渋谷地区の民団同胞も、すでに出資を約束して記帳した者のうち、支払に応じる人は数人であった。民団組織に対する全般的な信頼感というものがまだ醸成されていなかったからであろう。否、そもそもわが在日同胞の民族的共同体意識というものが成り立っていなかったのかも知れない。このことは、その後の「在日社会」を見ても言えることである。

結局、渋谷区の出資約束者全員の分を、記帳名義人のかわりに全額を私が充当しなければならない羽目に追いやられたのである。私自身の大口出資金とは別途にである。このようなさまざまな波乱と紆余曲折を経て、一九五四（昭和二九）年二月二四日、東京における民団系民族金融機関「漢城信用組合」は誕生し、同年三月五日から浅草に本店を置いて営業を開始した。組合長に金得溶氏、副組合長に鄭在俊、専務理事に李根洙《イグンス》氏の体制でのスタートだった。

ところでこの「漢城信用組合」という名称のことである。朝鮮王朝時代の首都「ソウル」の名である『漢城』を、あの時代の名城を懐かしむ世代が付けたわけだが、その発音が日本の「感情」と同音であるため、どうも具合悪いという意見が多く出た。そのため、一九六〇（昭和三五）年七月一日に「東京商銀信用組合」（東京商銀）と改めることにした。

私は民団という同胞団体の組織に深くかかわり、同胞のために何かの仕事をしなければと思って積極的に取り組んだ事業が、この民族金融機関の創立であっただけに、それに対する愛着も、その後の推移についても、ひとしお関心は深かったのである。

しかし、誕生はしたものの、その後の成長はかんばしくなかった。二代目の崔學林組合長、三代目の范填圭《ポムジンギュウ》組合長、四代目の金在澤《キムジェテク》組合長、そして五代目に崔學林氏がもう一期組合長を務めたが、いずれも業績は振るわなかった。

一九六四（昭和三九）年七月一日から「組合長」の役職名を「理事長」に改め、崔學林氏が理事長に就任することになったが、この人事をめぐって民団の選挙戦と派閥争いが絡み合い、在京韓国経済人の対立が始まることになった。このとき形成された人脈構図は、その後の在日同胞社会と民団組織の発展を妨げる大きな要因となったのである。

そして一九六七（昭和四二）年五月、総代と同時に理事長を改選しなければならない時期を迎え、私は事前に本人の意向を打診したうえで、許弼奭《ホピルソプ》氏の理事長就任を推し進めたのである。以前から私に対して理事長就任の推薦の声が度々あったが、私にはその意思はなく、金融機関の経営に自信もなかったので、固辞すると同時に許弼奭氏が最適任者であることを力説したのであった。しかし、意外にも許弼奭氏に対する拒否反応は前回と同じように強く出た。私は個人的にその理由を探ってみたところ、許弼奭氏は権逸《クォンイル》弁護士の子分であり、名古屋から東京に来て日が浅いため人物的に未知数だというのであった。

私は、許弼奭氏が権逸氏と親しいとしても、権逸氏を理事長に選出するのではない、また名古屋から東京に来て日が浅いというのは反対の理由にならない、問題はこの組合を発展させるために誰を選ぶのかである、と説得して回った。今の理事陣の中で彼がもっとも適任者であると確信する、伸び悩んでいるこの組合を彼に任せて躍進を期待し、協力しようと私は皆を説得し、許弼奭氏を理事長に選任することに成功したのである。その結果、一九六七年三月に一六億六〇〇〇万円だった預金高は、許弼奭氏が理事長に就任してから三年後の一九七〇（昭和四五）年には一〇〇億円台に乗った。これを機に新宿に本店ビルを建て、一九七一（昭和四六）年一一月には現在の本店に移ることができたのである。

現在、この信用組合が倒産してしまったことは残念でならない。

第五章　民団東京本部団長の時代

在日韓国人の法的地位確保運動

一九六五（昭和四〇）年、国交正常化のための韓日会談が一四年間の交渉の末に妥結し、在日同胞社会と民団組織は新たな状況の下で、再出発することが迫られた。民団中央本部は、一九六四年七月から権逸団長体制が第二八代、第二九代と一九六六年六月まで続き、次いで第三〇代団長に李裕天《イユチョン》氏が就任し、『朝鮮大学校』認可に前向きな美濃部都政に対して阻止運動を展開していた。

その前の権逸団長時代に、民団組織内から権逸勢力の排除を目指す「民団正常化有志懇談会」（有懇）というグループが早くから形成され、大きな勢力を有していた。このころ、民団中央本部の中心は反民族・非民主的な体質の権逸ブレーンが体制を固め、在日同胞の実情と志向に反して韓国の朴正熙軍事政権の意思決定によって動く、質の悪い人たちが取り巻いていた。それに対して、有懇メンバーは在日同胞社会における民族良識派が中心となっているといわれた。そこで有懇派は、大衆を基盤にした地方本部「都道府県本部」からまず正常化しなければ、民団の将来の展望は開けないとの方針のもとに、一九六八（昭和四三）年五月二八日開催予定の民団東京本部団長改選大会を控えて、私に出馬するよう働きかけてきたのである。私がためらっている間に、東京都内各支部の有志たちが集まって、首都の東京本部から民団を立て直そうではないかという決意を固め、「そのために鄭在俊さんひとつ働いてください」という要請を受けた。

私は、元来、大衆の前に立たなければならない政治性のある組織の指導者には向かないし、そのような見識も経験もないと思い、非常に悩み決断しかねていたが、結局大勢の熱心な勧めを受けて立候補することになったのである。対立候補はいたが、投票の結果、私が圧倒的多数の支持を受けて当選し、第一九代の東京本部団長に就任することになった。

この第一期目二年間の在任期間中には、民団組織全体の運動課題として、在日朝鮮人法的地位改善要求、出入国管理法改悪反対、協定永住権申請推進という、いわばその後の在日同胞の法的地位を決定付ける問題ばかりを抱えていたのである。そのうえに、大阪万博開催に伴う後援事業と在日同胞の本国家族招請事業など、いずれも韓日両政府間の政治・外交・経済問題にかかわる極めて政治性の高い課題に立ち向かわねばならなかった。

本来、民団という組織の体質から、団長が交替し新体制が出発する時は、まず基本政策確立が緊急課題となるのだが、私が第一期目に就任した時は、すでに本国における旱ばつ災害が深刻な事態に至っていたため、それに対する救援募金をしなければならなかった。当時の韓国経済はまだ弱く、災害があるたびに在日同胞のわずかな救援金でも力になる時代で、それだけに在日同胞の祖国に対する素朴な愛情は熱いものであったといえる。

この祖国の災害に対する救援募金運動を盛り上げるために、私は東京都内二二支部を巡回し、支部役員たちと一緒にそれぞれの管内同胞の家庭を訪問して、祖国の農民の実情を訴えたのである。その努力の成果があったのだろうか、東京本部に割当てられた金額の一二〇％を期間内に納めることができた時は、在日同胞の心情と故郷の農民の困窮な姿を思い浮かべたのである。

協定永住権の虚実と訪韓陳情団

一九六八年一〇月に李裕天中央本部団長をはじめ民団代表七六人が、本国の旱ばつ被害救援のための在日同胞救援金を伝達する目的で訪韓し、朴正熙大統領を青瓦台（大統領官邸）に表敬訪問した。

この直前の九月二七日から二週間、民団中央の三機関長（団長、議長、監察委員長）をはじめ、全国地方本部の団長など七四人が訪韓した。

これはそのころ、韓日会談の際に定められた在日韓国人の法的地位協定の具体的内容についての改善・確立などのため、定期的に開かれることになった韓日閣僚会談および韓日実務者会議に対して、民団は様々な要求活動を展開していたが、そのような韓日両政府間の会議開催を前後して、韓国政府に対する要望事項を関係当局に直接訴える活動を展開するための訪韓であった。この期間中に起きた出来事のうち、私にとって特に異様に思えた二つのことについて述べておきたい。

その一つは、韓国政府の関係当局者数人を前に、私たち（在日韓国人法的地位対策委員会の七四人）が在日同胞社会の実情を述べて要求事項を説明する会議場での出来事である。

そこで私たちは、韓国政府に対し、韓日会談で定めた在日韓国人法的地位の内容において、社会保障などの処遇問題をあいまいにしたまま（協定永住）申請ばかりを推進しろと政府は民団に督促しているが、処遇問題を明確に定めるべきだと要求した。しかし政府は、処遇問題については今すすめている韓日法相会談および韓日実務者会議において解決するだろうから、申請期限が一九七一（昭和四六）年一月一六日に迫っている「協定永住権申請」運動を民団は全力を挙げて展開しなければならない、と言うのである。できるだけ多くの在日同胞が協定永住権を申請、取得すれば、同時に外国人登録証（外登）における国籍欄が「朝鮮」の場合は「韓国」に変わる。そのことは相対的に民団員の数が増え、朝鮮総連が弱体化することを意味する。政府側が簡単に押し付けるこのような「反共」論理に、私たちの一行からは何の反論も述べられずにいた。私は、我慢の末、勇気を出して次のように発言したことを、今でも覚えている。

協定永住権を獲得すれば、ないより有利であることは確かであると思う。しかしただ申請さえすれば良いというものではないと思う。申請することによって、現在の在留資格を失うという犠牲者が出る可能性がある。日本では一九四一（昭和一六）年から米の配給制度が実施されている。しかし当時、どういう理由からかは知らないが、在日朝鮮人で米の配給通帳を持っていない者が多数いた。また、後から渡日した人たちは先に来ていた人たちが帰国する時、役所に返すべき米穀通帳を返さず、その通帳をもらい受けて使用していたため、戦後、外国人登録を申請するとき、他人の米穀通帳の名義で申請した例が多かった。その結果、本籍、氏名、生年月日などが他人のもののまま登録されている人々がいる。また、日本敗戦と同時に解放を迎えた祖国にいったん帰ったが、さまざまな理由から日本へ戻ってきた同胞も数多くいる。この人たちも、解放後に帰国して行った人たちが残留する知人や隣人に預けていった通帳を借用するなどして外登を申請したため、登録証の本籍、氏名、生年月日などの記載事項が本人と同一でない場合が多い。こういう人達が、将来のことも考えて永住権申請のときは自分の戸籍と一致する事実を記載したいと考える。旅券申請にも当時は戸籍が必要だった。子供の名前も、いつまでも他人の姓名をつけたままにしたくない。こういうことで戸籍通りの「真実」を記載欄に記入して協定永住権を申請した場合、日本法務省の審査官は徹底的な再調査を行ない、これらの人達を「戦後一旦帰国し、改めて入国した不法入国者」と判断するだろう。従って「戦前から引き続き在留」するとの資格を有しないと判断し、協定永住の申請は不許可となる。しかもそれでことは終わりというのではなく、不法入国（密入国）の容疑で身柄は拘束され、強制退去の対象となるかもしれない。しかしこのような人達も実際はほとんどが日本での居住歴が長く、故郷における根拠地はすでにない。家族はほとんど二世である。この人たちに「永住権申請」を勧めるとき、民団の促進運動員たちは「無知」と「反共精神」も加わって、「大丈夫、その場合も戸籍通りの名前で永住許可をもらえる」と説明する例が一般的だ。そのために悲劇的な結果を生んだ例も多々ある。そして、その可能性はまだ残っている。韓国政府は、このような人達にも確実に協定永住権を与えるよう韓日法相会談で定めるべきではないか。さらに、協定永住権を獲得した場合、社会保障などの処遇がどのようになるかを明らかにしなければ、申請促進運動を展開しても成果を上げるのは難しい。現在、永住権申請者の数が振るわないのは、そのような実情と歴史的背景があるからだ。

　私はざっと以上のようなことを話した。

ところで、私が異様に思い、驚いたのは、このような発言を続けている間に、民団中央本部の団長をはじめ他の数人の同席者らが「政府の指示に楯突くような発言はやめろ」となじったことだ。やめろやめろと声を張り上げながら、私の話を制止しようとあわてふためく彼らの卑劣な精神状態が、余りに嘆かわしいとさえ思った。しかし、政府当局者らはむしろ話を終わりまで聞きましょうと言い、私に発言の継続を求めた。民団の「在日韓国人法的地位対策委員会」の活動の実態、その構成員の意識がこの程度であったがために、この運動はその後までしこりを残した。

中央情報部地下室で見た光景

もう一つの異様なことは、ソウル南山《ナムサン》の中腹にあった、怖い怖いＫＣＩＡ（韓国中央情報部）の地下室で見せられた光景である。北緯（北朝鮮）の対南工作およびスパイ活動に関する物騒なブリーフィングの後、彼らスパイ・工作員を如何にやっつけるかの技を、私たち一行のために披露してくれる場面である。空手やテコンドーの技ではなかったかと思うが、見せ所は、その技を行なう大男の発散する威圧的な態度、恐怖感であった。「大韓民国」に逆らう者は「人間」をこのように壊してしまうぞ、と言わんばかりの仕草であるように思えて、身震いを感じた。車《チャ》氏という大男の顔と大きな手を見せられたが、息が詰まった。

あの時、私が不思議に思ったのは、なぜこのような場所に私たちを案内し、あのような光景を見せるのかであった。まるであなたたちも朴正熙大統領に従順に従わなければ、このような目にあうぞと威嚇するかのように思われた。あれは確かに、その後まもなく現実化する維新体制の下に連発する緊急措置などのファッショ恐怖政治と拷問の前兆であったが、そのとき私はそれを見抜くことができなかった。

「永住権申請促進事業」とは

韓日協定に基づく在日韓国人の永住権申請は、多くの疑念と不安を伴い、韓日両政府が期待したようには進まなかった。

前項でも述べたように、法的地位の中身は曖昧・貧弱で、処遇の内容が日本国民の水準に遥かに及ばず、基本的人権無視の差別的構造は放置されたままであった。そのため、朴正熙政権の指図を受けて無批判的に「韓日会談推進運動」を展開してきた民団中央本部の幹部連中も、永住権申請推進運動に乗り出すことには躊躇せざるを得なかった。

韓日会談の仮調印から一ヵ月後の一九六五（昭和四〇）年五月、民団は「在日韓国人の法的地位及び処遇問題について、私たちの要求とはあまりにも距離が隔たり失望を禁じえない」とする声明を発表した。そして韓国政府に対し「我々の要求が貫徹するよう全力を尽くすことを期待する」と要望した。

社会保障問題などについては「継続協議」することになっていたが、一九六九（昭和四四）年八月に開かれた韓日法相会談後の共同声明を受けて、民団はそれまでの姿勢を一転し、組織を挙げて「永住権申請推進事業」なるものを開始したのである。しかしそれまで納得がいかなかったものを、民団が推進運動を積極的に展開するからといっても、当事者たちにとってはすんなり肯けるような内容ではなかった。その内容は、その後一九八二（昭和五七）年に日本が制定した「難民法」（旧来の入管法令を改正したもの。正式名称は、出入国管理及び難民認定法）における難民の地位より不利なものであった。そのため、申請者の数は伸びなかった。

そこで韓国政府の直接的介入が始まるのである。李厚洛《イフラク》前青瓦台秘書室長が駐日大使に就任してから（二年後に中央情報部長に就任）、莫大な推進運動資金を持ってきて民団に活動費として支援すると同時に、もの凄いはっぱをかけたのである。その勢いに乗じて、東京本部管内も一九七〇（昭和四五）年九月後半から本格的な永住権申請促進運動が発動した。

そのころになって、私も組織の責任者として同胞団員に対する「歴史的義務」を自覚し、申請促進運動の先頭に立った。毎日のように、朝から晩まで支部を巡回し、支部役職員から状況の報告を聞き、督励し、彼らと一緒に団員同胞の家を訪問して協定永住権の意義を説明し、申請手続をするよう説得したのである。一九七一（昭和四六）年一月一六日までの約三カ月間、同胞の集中居住地域には連日宣伝カーを繰り出し、猛烈な申請運動を展開した。その結果、期限までに目標を達成し、全国のどの地方より高い成果を挙げることができた。

この申請促進運動の過程で、朝鮮総連系同胞にまで啓蒙・説得に足を延ばしたため、日本各地の役所の窓口や路上などで衝突事件を起したことは、悔やむべき記憶として忘れられない。

　この協定永住権取得問題は、その内容の「利・不利」問題と同時に、民団（韓国）系・朝鮮総連（北朝鮮）系という在日同胞社会の分裂・対立を、それ以前よりさらに激しく明確にする結果をもたらしたことなどを考えると、民族的に、また歴史的視野から省察した場合、果たして私のやったことが恥ずべきことではなかったのかどうか、と思うのである。しかし、私のこのような憂いとは関わりなく、私は一九七一年三月一日、朴正煕大統領から大韓民国国民勲章『牡丹章』を受勲したのである。この事実をことさらに記述する意図は、決して自慢するためではない。このことによって対面することになった朴正煕という人物とは、後に、余りにも強烈な憎悪・対立関係になり、彼の死の日まで私は彼の打倒運動を続けるというシニカルな運命にあったからである。

ＫＣＩＡの選挙干渉を跳ね返して

　私にとって民団東京本部団長一期目の二年は、余りにもあっという間に過ぎ去った。一九七一年一月一六日の締め切りが迫ってくる協定永住権申請運動が、その雰囲気さえ醸成されないまま停滞している状況で、アジア地域では初めてといって騒がれた世界万博が、一九七〇年三月一五日から大阪で開かれた。民団は、そこに参加する韓国館の建立基金を募金するための「万博後援運動」を行なう一方、万博開催期間中に在日同胞の本国家族を日本に招請するという「本国家族招請事業」が始まった。

ちょうどそのとき、私は任期満了を迎えたのである。

このように、万事が「途上」という状況的雰囲気もあって、私は続投を決意せざるを得なくなった。特に、権逸派を中心とする当時の中央本部支持勢力が東京本部団長候補に姜學文《カンハクムン》候補を擁立し、私を追い出そうとする計略が早くから動めいていたことも、私の再出馬意欲を強めていたのである。

ここで忘れないうちに権逸氏について触れることにしよう。彼は、日帝の傀儡満州国で検事を務め、祖国の独立・解放を目指して活動する人々を捕まえ刑罰を加える、日帝の走狗であった。民族反逆罪に該当する人物である。解放後も日本官憲と親しく内通し、朴正熙政権の忠実な下僕であった。権逸氏は長く民団中央本部の団長を歴任したが、ある年の自らの選挙運動最中の朝、一升瓶をぶら下げ金《キム》世基《セギ》氏を伴って渋谷の私の自宅の玄関を開けて入って来て、「お願いがあって来たんだよ。今度民団中央本部の団長選に出馬するのだが、是非応援して下さい」と頼んできた。私は即座に断わり、一升瓶の酒を返して帰ってもらった。

それ以来、彼は「鄭在俊の家に行ってひどい目に遭った」という評判を民団社会に流していた。私が東京本部団長に再出馬した時、中央本部の団長は李禧元《イヒウォン》氏で、権逸氏はその顧問であった。その執行部と議長団、監察機関などに、私が尊敬・信頼できる人物は一人もいなかった。首都の東京本部団長選で中央本部を丸ごと敵陣営に回して戦うことはかなりしんどい話であった。そのような環境の中で、私は再び立候補したわけだが、国会議員選挙でもないのに選挙戦は実に厳しいものであった。

第三一回民団東京本部団長選出大会は一九七〇年四月一〇日、国鉄（現、ＪＲ）中央線大久保駅前の「山福会館」（現在の海洋ホテル）で開催された。過去二年間の経過報告を済ませた後、選挙の投票に移ったが、会場には異様な雰囲気が漂っていた。有権者はひとりずつ壇上に上がり、投票用紙をもらってテーブルの上に用意してある筆記用具で支持する候補の名前を記入し、投票箱に入れる運びとなるのだが、なんと、そのテーブルのそばに、韓国大使館から来賓として参席したはずの許亨淳《ホヒョンスン》、洪性采《ホンソンチェ》、白哲《ペクチョル》参事（いずれもＫＣＩＡ要員）らが座ったまま席を離れず、壇上から降りようとしないのだ。彼らは投票するため壇上に上がる有権者の一人ひとりの顔をにらみ、筆記する筆先の動きを見守っている。こんな投票の情景を前にして、座っている有権者の中から抗議の声を上げる者は一人もいなかった。それほど、あのころのＫＣＩＡは、本国の国民にとっても在日韓国人にとっても、怖い存在であった。私は公正な投票は無理だと思い、結果に対する期待を一切持たないことにした。

ところが結果は予想外であった。開票の結果、私は九九票対三六票という圧倒的に多数の支持を得て再選されたのだ。民団全体が組織上の多くの課題と問題を抱えていたが、私は自信をもって第二期目のスタートを切ったのである。

第六章　捏造録音事件とＫＣＩＡとの闘争

民団中央本部団長選挙と金公使発言

私が東京本部団長二期目に在任中の一九七一年春から、韓国国内政治の激変とともに、その前哨戦として始まった民団の抗争によって、それ以後の民団組織全体と私の身辺は大きく変わった。私にとって人生行路の新たな試練が始まる発端であったといえるかもしれない。

一九七一年、この年は、韓国では四月二七日に第七代大統領選挙、五月二五日に第八代国会議員総選挙が実施されるが、民団ではその前の三月一五日に第一八回中央委員会が開かれ、同二五日には第三四回定期大会が開かれて、団長以下役員の改選を行なう予定であった。

異変の発端は、民団中央委員会における金在権公使の「来賓祝辞」から始まる。従来、このような規模の会議には、大使館を代表する来賓として大使が来ることになっていた。しかし、そのころはすでに、外交官の大使より韓国中央情報部（ＫＣＩＡ）から来た公使が実権を振るっていた。在日同胞社会、特に民団組織内ではＫＣＩＡから大使館に赴任してきた領事、参事、書記官という肩書きの情報部要員がやたらと権勢を誇り、彼らの言動が絶対的影響力を発揮している時代であった。

団長選を十日後に控えた三月一五日、中央委員会における金在権公使の発言（来賓祝辞）は要旨次のようであった。

①某有力候補の主要参謀格にあたる某氏が、重大な反国家行為を犯した。

②その人物が朝鮮総連の最高幹部と帝国ホテルで密会し、韓国政府を転覆する計画を練った、その内容を録音したテープを大使館で保管している。

③その録音テープをいま公開してもいいが、そうすれば選挙干渉の非難を受けるだろうから、選挙が済んだ後、いつ、どこででも、誰にでも公開する。

この発言の時点で、すでに金在権公使の言う「反国家言動人士」が裵東湖《ペドンホ》氏を指していることは、中央委員全員の周知の事実として知られていた。兪錫濬《ユソクチュン》候補が出馬を表明した直後の二月下旬から、金公使は非公式の場で裵東湖氏の名前を流していたが、公式には五月一二日に大使館内の公使室で記者会見したとき、問題の人物は裵東湖氏であると名指ししたのである。

三月二五日の選挙大会における来賓祝辞でも、金在権公使は終始、反共・愛国と北朝鮮の対南赤化工作に対する警戒心の必要性を強調しながら、前回と同じ趣旨の発言を繰り返した。「反共」を国是とする大韓民国政府の代表と、その発言を信ずることしか他に術のない満場の「代議員」たち、まして事大主義から抜け出ることを知らない在日同胞一世にとって、金在権公使の祝辞の内容は恐ろしく衝撃的であった。さらに、団長選挙を前にしてめぼしい代議員に対しては、すでに前夜までの個別的工作が充分に行き届いていたはずである。

投票の結果は、僅差ではあったが李禧元候補の再選であった。

当初、当選確実と予想していた兪錫濬候補の選挙対策本部は四月一五日、金在権公使に対する録音テープの公開を要求する声明文を出した。

金在権行使は、全国の中央委員と代議員が参席している民団大会という公式会場で繰り返した録音発言が、事実、録音テープが存在し、その発言の意図が選挙干渉の謀略でなかったならば、公約の通りに自らすすんで公開すべきであった。しかし、彼は最後まで問題の録音テープを公開しなかった。

兪錫濬候補選対本部は、テープの公開を求める声明の中で、公開は少なくとも次の条件下で行なわれるべきであると明らかにした。

①民団内の公式会合の場で行なうこと。
②民団中央監察委員会の責任において行なうこと。
③名指しされた当人の弁明と反証の機会が充分に保障されること。

この声明に対して、金在権公使は兪錫濬選対への書翰を公開した。その中で金公使は、「本録音内容の公開問題は、誰かの干渉がなくとも国家安全保障上制限された人員に対して公開される事後策が講究されねばならない。当公館で、民団三機関長をはじめ若干名の中央顧問、兪錫濬先生、鄭在俊、李相権《イサンクォン》氏が合同した席上で、当該本人と問題の留学生を立ち合わせて公開したい計画であることを、すでに民団中央執行機関に通報してあります」というのである。

金在権公使は、自ら指名した限られた数人を、指定した日時に大使館内の金公使の部屋に招集するように、李禧元団長宛に公文書を発送していた。この時から金在権公使と李禧元団長をはじめとする民団中央関係者は歩調を合わせ、あるいは民団側が金在権公使の指図を受けて事後策と対応を決定していたのである。

金在権公使の策略と詭弁

金在権公使は五月七日、在日韓国記者たちと会見し、「問題の人物」が裵東湖氏であることを初めて公表した。同じ日に李禧元団長も在日同胞記者団と会見し、①問題の録音を本国で聞いた、②不純分子は段階的に粛清する、③監察委員会に裵東湖の除名を要請すると言明した。

一九七一年五月一一日に金在権公使が指定した大使館の公使部屋に参席した者は、李禧元中央団長、張総明《チャンチョンミョン》中央議長、李寿成《イスソン》中央監察委員長、曺寧柱《チョウヨンジュ》中央顧問の四人と、兪錫濬氏、鄭在俊東京本部団長、徐興錫《ソフンソク》同監察委員長、李相権京都府本部団長の四人など合計八人で、大使館側から主役の金在権公使のほか李泰薫《イテフン》領事が参席した。

しかし、金在権公使のいう問題の録音はもともと存在しないはずである。したがって金公使が公開を約束した録音をこの日、この場で、八人に聴かせられるはずはなかった。金在権公使はその虚構を糊塗するために、「これが問題の録音だ」と言ってテーブルの上に一個のテープを置き、いかにも中味があるかの如く装った。しかし次の瞬間、彼は「裵東湖の欠席」と「国家機密」を口実に、録音テープを聞かせることはできないと言って、公開を拒否する芝居を打ったのである。

金在権公使はこの日、この芝居を打つのに先立って、同公使宛の「合意覚書」なるものを示し、八人に署名を求めた。その文章の内容は、①本会合で公開される録音と証拠、証言は、民団員裵東湖の反国家行為を確認するところにある。②本会合で使用する各種物的証拠は今後、国家司法機関に保存される証拠資料であるので、再公開ないし内容の是非は許されない条件で本会議でのみ使用される。以上二点に同意する、というものであった。

「証拠」・「証言」を見せもせず聴かせもしないうちに、まず署名を求められたこの「合意覚書」なるものに、中央本部側の李禧元、李寿成、張総明、曺寧柱の四人は署名した。東京本部側では徐興錫が署名に応じたが、鄭在俊、兪錫濬、李相権の三人は、筋の通らない文書であり、「問題の録音を聞く前にこのような文書に署名を要求するのは不当である」と言って署名を拒否した。

このようなやり取りの後、金在権公使は「問題録音の生きた証人を皆さんに会わせる」と言い、同席の李領事に別室から「李東一《イドンイル》」を公使室に連れて来させ、「4・19学生革命のとき活躍した学生」、「金大中氏と近い関係」、「いまは留学生」などと李東一の経歴を金在権公使自らが参席者に紹介した。それから、金公使は李東一に対して裵東湖氏との対話のやり取りを「ここで繰り返すように」指示し、李東一がそれに応える形で進行した。

他の参席者らは、彼ら（金在権公使と李東一）の演出を黙って見ていた。

この部屋の中央にあるテーブルの上に、既にセットしてある録音機には、彼らのこの「演出」が録音されるようになっていた。李東一の、この場での証言（裵東湖氏との対話再現演出）が終了した時、金在権公使は「今の李東一の証言は本物（問題の録音）と寸分違わない」と断言し、（今録音した）このテープを民団に持っていって大いに活用してくださいと言った（この後、実際に、この録音テープのコピーは日本各地の韓国領事館に配送され、録音事件に疑問を抱いているとみられる民団幹部や有力者らを呼び、聴かせたといわれる）。

要するに、金在権公使の言う「問題の録音」とは、このような手法で大使館の公使室で捏造されたものであって、「問題の行為」事実は存在しなかったのである。

ここまでの、捏造録音事件の性格を要約すれば、次のように述べることができる。

①金在権公使（ＫＣＩＡ）主導の下に仕組まれ、これに李禧元中央本部団長を中心に民団内の一部

の朴正煕政権追従派が協力し、後には李禧元団長自らが積極的に捏造に加担することによって、拡大進行した事件である。

②一九七一年三月二五日実施の民団中央本部団長選挙において、兪錫濬候補とその支持勢力に打撃を与え、李禧元候補の再選を狙う目的で計画された選挙干渉を発端とする事件である。

③兪錫濬候補の支持者（裵東湖氏）の反国家行為を証明するはずの問題の「録音テープ」が、実際は存在しないものを存在すると偽り、その公開を公約したが、ないものを公開することができないため、虚構の上に虚構を重ねる芝居と虚偽、中傷宣伝を繰り返した事件である。

④民団中央本部の団長選挙に直接干渉した不当行為と虚偽宣伝、工作を合理化し、さらに録音テープの公開要求をかわすために、金在権公使が自らの手先である李東一なる者を使って裵東湖氏を反国家行為者に仕立て上げようとした政治的謀略事件である。

しかし、事件はさらに拡大・展開することになり、

⑤金在権行使は謀略と芝居、虚偽宣伝が成功しないと判断した段階で、裵東湖氏を反共法違反の被疑者にでっち上げ、ＫＣＩＡ第五局からの呼び出し状（召喚状）なるものを送り付けて威嚇し、脅迫した。

⑥身の危険を感じた裵東湖氏が、上記「召喚状」とその経違について記者会見で明らかにし、ＫＣＩＡによる謀略の危険を日本の世論に訴えた。金公使は民団中央本部に圧力をかけ、監察委員会が裵

東湖氏を除名するという弾圧を指揮した。

⑦捏造録音事件の真相究明を求める声を封じ込めるとともに、裵東湖氏除名処分の強行と民団内批判勢力の締め出しのための一大転機と口実を作るため、民団東京本部に対して直轄処分の攻撃を加え、その後の相次ぐ重大事件へと拡大するきっかけとなった。

裵東湖氏にＫＣＩＡから召喚状

すでに触れたように、事態は私が予想することのできなかった大問題へと飛躍していった。

金在権公使が「問題の人物」と名指しし、李禧元中央本部団長が監察委員会に除名を要求していた裵東湖氏宛に、「韓国中央情報部五局捜査団司法警察員捜査官」という偉いところから、「出頭要求書」なるものが、六月八日に国際郵便で届いた。その文面には、「反共法違反被疑事件に関し、貴下の陳述を聴取したいので、一九七一年六月一五日午前九時三〇分に当局捜査団まで、印鑑とこの出席要求書を持参の上、出頭せられたい」と明記してあった。出席できない場合の手続方法や電話などの連絡先の記載はなく、差出人の住所もないまま「大韓民国中央情報部」とあっただけである。いくら韓国国籍を持った者であっても、逮捕状や拘引状のような強制力を伴う法を執行する場合には、日本国の主権に関わるためこれを無視して執行できない。ところが「出頭要求書」に応じて出頭した場合、その場で逮捕状の執行ないし事実上の逮捕に持っていくだろう。それが中央情報部が外国在住の同胞に対応してきた常套手段である。また、彼らが出頭要求のような形式によらずとも、工作に必要な場合によっては、外国から拉致することも、過去の例に鑑みて予想されることであった。

従って、この出頭要求書は、裵東湖氏の除名と同時に、民団内の朴正熙政権とその従属組織に対する批判勢力の排除を狙った陰謀工作を貫くための、新たな攻撃であったのである。

裵東湖氏は六月一四日、韓国大使館に中央情報部に出頭しない旨の内容証明を送り、翌一五日に記者会見して「出頭要求書に対する談話文」を発表した。その中で、裵東湖氏は録音問題の経緯と自らの立場を詳しく説明し、出頭要求の不当性を糾弾した。日本の各新聞とテレビなどは、裵東湖氏の会見記事を大きく報道した。

その見出しだけを拾うと、「反共法で召喚状、在日韓国人が保護訴え、出頭拒否の通信社社長、法務省も緊急指示」（読売新聞）

「野党支持の韓国通信社社長に本国から召喚状、反共法に触れると法務省は保護へ」（毎日新聞）

「〝召喚される理由はない〟韓国通信社の裵社長、韓国政府の出頭命令を拒否」（サンケイ新聞）

「反共法違反で召喚状、在日韓国人に〝国内法〟適用」（東京新聞）

「金大中候補を支持した在日韓国人に〝反国家〟容疑で召喚状」（日本経済新聞）

「在日韓国人に召喚状、中央情報部が〝反国家的言動あった〟、〝でっち上げ〟と出頭拒否」（朝日新

聞）

ところが、この記者会見には韓国の特派員たちも多数同席していたが、その記者たちは韓国大使館あるいは中央情報部が提供した情報だけを記事化し、判で押したように裵東湖氏に対する虚偽に満ちた経歴、彼の「反国家的言動」などを掲載し、裵東湖氏の記者会見それ自体が「外国の新聞に韓国の恥部をさらした」行為であると非難・攻撃を加える内容を記事化したのである。

さらに民団中央本部は、裵東湖氏が記者会見した翌日の六月一六日に執行委員会を開き、裵東湖氏の記者会見は「反国家的、反民団的な利敵行為と断定する」と決議して、中央監察委員会に裵東湖氏の早期処断を迫った。監察委員会は執行部から既にそれまでにも裵東湖氏の除名を求められていたが、除名の名分を見出せず、ためらいながら経過を注視していた。そこで監察委員会は七月九日、ついに裵東湖氏の除名処分を決定する。除名の「公告文」によれば、六月一五日の記者会見（それによる日本のマスコミがもたらした反響）が「反国家行為の過誤を犯した事実」であり、そのこと自体が処分理由であると述べている。つまり、「召喚の事実を日本のマスメディアに発表することによって、国家および民団の威信を損傷し、民団組織の破壊行為を行なった」と主張したのである。

録音問題真相報告大会

裵東湖氏の除名処分が「公告」される前の六月一八日、「民団自主守護委員会」の主催で「録音問題真相報告大会」が開かれた。私は五月一二日の金在権公使の部屋での「公開芝居」に参席した者の使命と責任上、この真相報告大会に参加した約一五〇〇人の同胞を前に、それまでの経緯について報告した。そして、金在権公使は問題のテープがあるならば、約束どおり一日も早く公開すべきである。その結果が明らかになれば、民団の規約に基づいて処理すれば解決する問題ではないか。あるいはでっち上げであれば、混乱の責任を徹底的に糾明すべきである。民団選挙へのKCIAの不当干渉と虚偽謀略によって引き起こされた捏造事件をめぐって、団員同胞の中からその真相を知りたい、という声が起こるのは必然である。その要求に応えて私たちは真相報告大会を開催した、と主張した。

これに対して中央本部は緊急執行委員会を開き、東京本部の「直轄」を決定したというのである。七月五日に中央本部は東京本部にこれを通告すると同時に、「事務引き継ぎ」の名目で直轄の執行を強要した。

この直轄処分については、その違法性を述べる必要もないが、中央本部のいう処分理由は①六月一八日の録音問題真相報告大会に鄭在俊団長らが出席し、東京本部管内の団員同胞を組織的に動員して集会に参加させたこと、②裵東湖氏が行なった六月一五日の記者会見に民団東京本部の機関紙『民団東京』新聞記者らが出席し、同新聞に「情報恐怖政治、在日同胞にも」という見出しの下に事実を歪曲した記事を掲載した、などというものである。

民団中央本部の朴性鎮《パクソンジン》事務総長を先頭に執行部数人が東京本部の事務所を訪れ、直轄の事務引き継ぎを求めてきたのは七月六日であり、その後連日、次のような、中央本部・大使館側による東京本部側への攻撃が続く。

神戸領事館で、李台熙《イデヒ》領事が在日韓国青年同盟（韓青同）盟員に暴行を加える事件が発生（七月七日）、民団中央本部が東京本部管轄下の支部三機関合同会議を招集（七月八日）、中央監察委員会が裵東湖氏を除名処分にする（七月九日）、中央本部が全国地方本部団長・事務局長合同会議を招集（七月一三日）、李禧元団長の要請で、東京本部を占拠するために大阪から暴力団五一人がバス二台に分乗して上京（七月一四日）、そして中央監察委員会が、東京本部の鄭在俊団長と閔泳相《ミンヨンサン》議長を三年の権利停止処分にしたと通告する（七月一五日）。

こうして、「捏造録音事件」は一転して、民団中央本部が東京本部を直轄処分し、東京本部の幹部およびそれに同調する勢力の代表者を次々に懲戒処分する弾圧と、これに対する抵抗闘争が果てしなく繰り返される泥沼にはまり込んで行った。

李禧元団長、東京本部を不法占拠

民団東京本部は、文京区本郷三丁目の大通りに面した三階建てビルで、土地建物は東京本部の所有で、一階は東京本部の事務所、二階は団長室、三階は韓青同の事務所である。

中央本部の李禧元団長らは、東京本部に直轄処分を通告し、事務引き継ぎを迫っても応じない形勢を知るや、実力で東京本部の建物を奪取しようと企て、鄭在俊団長、閔泳相議長を権利停止の処分とした後の八月二日、ついに暴力でそれを実行し、バリケードを構築して東京本部関係者の出入りを遮断した。

李禧元団長は二日朝早く、中央本部役職員など約三〇人をともなって東京本部事務所にやって来て、出勤したばかりの事務職員らを外に追い出して同事務所を奪取・占拠した。

中央本部のこのような行為は、刑法に明記されている不動産侵奪に該当すると同時に、その手段においての暴力行為は法律違反に該当するものである。

非常事態発生の連絡を受けて現場に直行した私は、自分が最高責任者である民団東京本部の事務所に入れず、外から事務所内の侵奪者に向って退去の要求を叫ぶ羽目になってしまった。私は素早く、近くの本富士警察署に羅鍾卿《ラジョンギョン》副団長を走らせ、事件の経緯を説明して、不法占拠した者たちの排除を要請したのである。同建物の三階に本部事務所を置く韓青同の諸君がちょうど海の合宿から帰ってきて、民団中央の不法占拠に反発し、状況を把握してから作戦を練ったうえ、その日の夜に実力で建物の内部に入って侵奪者らを排除した。私たちは、不法占拠されたその日のうちに不法侵入者らを建物から追放し、占有を回復したのである。

韓青同の諸君が建物内に突入したとき、李禧元団長ら中央本部幹部とその支持者三〇人は、一階の事務室で酒盛りをしている最中だったが、その状況をそのまま残して逃走したのである。

本富士警察署長の采配

事務所前の文京区本郷三丁目通りには、昼すぎから本富士警察所属の制服警察官多数が警戒態勢を敷いていた。午後からは、東京本部所属の都内各支部の役員や団員が集まったが、事務所内には入室できず表の歩道やその近辺に集まっていた。

その日の午後、東京大学から御茶ノ水駅に向けての大通りの交通を遮断して、警視庁直属の機動隊が整然と隊列を組んで行進してきた。東京本部では数百人の青年や学生諸君と団員が集まり、本部前の歩道で対峙してのっぴきならない状態となった。

本部前まで行進してきた機動隊は、「機動隊止まれ」の号令でピタッと停止し、続いて左向け左の号令で歩道の青年らと向き合った。そして「機動隊前へ」の号令で数歩進み、歩道の前に迫った。機動隊と民団東京のメンバーが衝突するのはも早避けられない状態だった。その時、歩道にいた私の横から、一人の男が隊列の前へ進み出た。そして、「機動隊止まれ。私は本富士（警察署）の池田だ。指揮は私が執る」と号令した。その一声で機動隊がピタッと止まったのでびっくりして横を見たら、池田勉署長が白い指揮棒を持って機動隊に向って立っていた。間もなく、池田本富士署署長の命令を受けた形で機動隊の隊長が号令をかけた。「機動隊右向け右」の後、「機動隊前へ進め」の号令で、機動隊は御茶ノ水駅方面に向かって去って行った。絶体絶命、間一髪で危機を救われた。

池田署長は、固唾を飲んで事態を見守っていた私たちのほうを振り向いて、「責任者は誰だ」と言ったので、「私です」と答えた。指揮は誰が取ったのかと聞くので、私ですと東京本部の非常勤職員の金始啓《キムシゲ》氏が答えると、調書を取るから署へ来てくれと言う。はい行きますと返事をし、二人で本富士警察署に行って陳述を終え、夜中に帰宅した。成り行きで犠牲は覚悟のうえとはいえ、あの時、機動隊と衝突していたら我々の側の犠牲は甚大であったろうと思うにつけても、とっさの采配をした池田署長は救いの恩人であった。

それから数ヵ月後、ある夕刊紙に「栄転やめた」のタイトルで、「池田署長は愛知県警本部長に栄転するのを辞退した」とある記事を見てびっくりした。その時期は警察の人事異動の時期ではなかった。全く時期外れといってもいい池田署長辞職の経緯を私たちが知ることはできない。危ういところで流血の事態回避に現場の指揮を執ってくれた池田署長。もしかしてそのことが今回の人事異動の背景にあるとしたら、実に残念なことであるが、真相はうかがい知れない。私は心配しながらも何もできなかった。その後、池田さんは警察署を退任して、平和相互銀行の専務取締役に就任されたことを知り、私はひとまずほっと肩の荷を下ろした思いだった。

この度、本書の執筆にあたって記憶をたどるうちに、池田署長のフルネームを知りたくて二〇〇〇年（平成一二）一二月一日に本富士警察に電話で問い合わせたが、担当者から三〇年前の署長に池田という人はいないとの返事だった。私は名前まで消されてしまったのかと思い、胸の痛みを感じた。本富士警察署の署長は警視総監への直線コースだといわれていたのに、池田署長が警視庁の不当な命令に従わず、人間の良心を貫いたことにただ敬服するのみである。本郷三丁目にある民団東京本部と春日町に事務所を置く民団中央本部との関係をよく把握している本富士署の署長としては、とっさの現場指揮で流血の事態を回避させたのである。私は終生、池田勉署長の人間性とその英断を忘れることができない。

十五年続いた裁判闘争

李禧元団長自ら民団中央本部の副団長、事務総長、各局長など役職員らを引率し、東京本部事務所を占拠しようと侵奪した「8・2事件」は、韓青同諸君の奪還作戦によってその日のうちに占有回復したが、同日に東京地裁に出してあった「占有妨害禁止仮処分」申請に対し、裁判所は八月五日、私たち東京本部側の主張を認める決定をした。

これに先立って、中央本部の東京本部に対する直轄処分（一九七一年七月一五日の第一次直轄）に対しては、尹達鏞《ユンダルヨン》団長代理が一九七一年一一月八日、「直轄解除通告文」を持参して東京本部事務所を訪れたため、それを受理していた。

さらに一九七二（昭和四七）年六月二六日の第二次直轄通告については、東京地裁に直轄処分効力停止の仮処分を申請していたが、これも同年一二月四日、裁判所は私たちの主張を認める決定をした。

しかし中央本部は裁判所の決定を無視するばかりか、その後も次々と除名処分を拡大し、また韓青同、韓学同（在日韓国学生同盟）に対する民団の傘下団体認定を取消すことによって、彼らの民団組織内での活動と発言権を奪ったため、これも含めて、いくつかの事件を並行しての本裁判へと移った。

ところが一九七二年四月一八、一九日にかけて、中央本部団長室で進行した「覚書」が生まれるまでの過程で、「暴力があった」として、李禧元団長と李寿成監察委員長ら四人が東京本部側の鄭在俊団長、閔泳相議長、裵東湖氏ら一一人を傷害、監禁罪で告訴するという挙に出た。この告訴に基づいて、中央本部と大使館は日本の官憲を動かし、東京本部と韓青同の事務所や裵東湖氏と私の自宅など一一カ所を強制捜査し、韓青同盟員一人を逮捕した。これは中央本部が東京本部側を支持・支援する団員同胞に脅威を与え、中央本部側に反対する民衆の勢いを圧殺することが狙いであったが、事実、私たちの大衆動員も打撃を受けた。そして当然のことながら、こちら側の被告訴人は全員不起訴処分となったのである。これまでのいくつかの「仮処分申請」においても、東京地裁は私たちの主張を一〇〇%認める決定をしている。

こうして始まった訴訟裁判の第一回目法廷は、一九七三（昭和四八）年四月二五日に東京地裁民事八号法廷で開かれた。裁判は一九八六（昭和六一）年一二月一五日までの一三年間に証人尋問四八回、和解に持ち込まれてから四四回、さらに一九七一年八月の仮処分裁判から数えると、実に一五年間に一〇〇回を数えるに至るのである。

裁判がこれほど長引いた理由は、中央本部側の引き延ばし作戦にもよるが、基本的には激動する韓国内の政治情勢と韓日関係が絡み合っていたためであった。しかも、この事件の根源が韓国の情報独裁権力の抑圧政策とそれに抵抗する民主化運動とが連動していたからである。

収拾合意覚書と「暴力事件」

一九七二年四月一八日から一九日にかけて「混乱事態収拾合意覚書」が生まれるまでの過程において、中央本部側が「暴力があった」と言いがかりをつけたことの真相は、全くハプニングであった。

東京本部では四月一八日、都内二二支部の三機関長並びに傘下団体代表者合同会議を開き、そこでの合意に基づいて参加者一同が中央本部を訪問したのである。実は東京本部が数日前に中央本部三機関長宛に「事態収拾三項目提案」を文書で伝え、これに対する回答を三機関長から聞くために、この日に訪問することを事前に通告し、中央本部側もこの訪問を了承していたのである。ところが、東京本部側が中央本部を訪問した時、事務総長以下二〇人ほどの職員はいたが、三機関長が不在だったため、東京本部側は中央本部側の約束違反を追及し、三機関長が戻ってくるまで中央本部の会議室で待機することになった。

尹達鏞団長代理、張総明議長、李寿成監察委員長ら三人が揃ったのは同夜一一時三〇分ごろで、それから本格的な話し合いが始まったのである。しかし収拾案はなかなか合意にいたらず、論争を続けているうちに時計の針は午前一時を過ぎていた。そこへ李禧元前団長が現れたのである。

李禧元氏は、捏造録音事件の工作に金在権公使と一緒に行動した一方の当事者として、民団混乱事態を起こした責任を取り、一九七一年一一月八日に辞任していたのである。従って、収拾の話し合いに加担する資格がない者であった。

しかも彼はその夜、酒に酔ってジャンパー姿でやってきたのである。東京本部側の人々は会議室ではない事務所で、李禧元氏の会議室への入室を阻止し、家に帰るように説得したのである。そこへ中央本部側の職員（この時刻には何人いたかは不明）らと対立が生じ、この最中に韓青同盟員に李禧元氏が蹴られるという偶発的な不祥事が起きた。

結局、中央本部はこの不祥事を口実に、その日の深夜に合意に達した「収拾案合意覚書」を、一九七二年四月二四日の午後に覆してしまったのである。それだけではなく、一九七二年四月二四日付で李禧元前団長、呉敬福《オギョンボク》組織局長、李寿成監察委員長、尹達鏞団長代理の四人が、東京本部の鄭在俊団長、閔泳相議長ら一一人を傷害、監禁罪で東京地検に告訴したのである。この一一人の中には、李禧元前団長を蹴り肋骨を折る傷害を与えたといわれる韓青同の李畊植《イギョンシク》君も含まれていた。

しかし、この件に関する裁判は全員不起訴処分で終結したのである。だが中央本部側のこの告訴によって、東京本部の事務所をはじめ、韓青同、韓学同の事務所と、鄭在俊団長の自宅、裵東湖氏の自宅など一〇カ所が日本警察に踏みにじられた。

これが、民団中央本部の機関紙『韓国新聞』一九七二年四月二九日付が「李禧元団長、肋骨骨折」、「天人共に許せぬこの暴力」と、大書特筆で宣伝した事件の真相だ。

捏造録音事件の経過

ここで、一九七一年三月一五日の民団中央委員会および同月二五日の中央大会における金在権行使の発言から端を発した「捏造録音事件」と、ＫＣＩＡ主導の下に中央本部が「東京本部直轄大会」を開き、傀儡「東京本部」を作るまでの経過を簡略に記しておく。

◎一九七一（昭和四六）年

三月一五日　民団中央本部第一八回中央委員会が開催される。金在権公使が「反国家言動の録音問題」を提起。
民団中央本部第三四回定期大会（三月二五日）において、金在権公使が「反国家言動の録音問題」を再言。
四月一五日　兪錫濬候補選挙対策本部が金在権公使に録音テープの公開を要求する声明文を発表。
同二七日の韓国大統領選挙で朴正熙大統領が三選。金大中候補は全体の四六％を得票したが、九四万票の差で落選。
五月一日　金在権公使が公開書簡で問題の録音テープ公開を約束。
金在権公使が五月七日に記者会見し、「反国家言動の主人公は裵東湖氏」と発表。
李禧元中央団長も同日、記者会見し、①不純分子は段階的に粛清する、②問題の録音を本国で聞いた、と発言。
同一一日　兪錫濬選対本部は金在権公使に「録音テープは民団で公開すべき」と書簡で要請。
金在権公使は一二日、大使館の自室で録音を公開すると言い、双方の関係者八人を招集。当事者と名指しされた裵東湖氏は招集に応ぜず。
同一五日　民団の自主化・民主化を求める民団団員などによる民団自主守護委員会が発足。
同二五日　韓国で第八代国会議員選挙が実施。
六月三日　裵東湖氏が中央監察委員会に「李禧元団長の虚偽証言」査察を要求。

裵東湖氏が九日、中央監察委員会に「李東一の身分確認」査察を要求。

同一四日　崔學阜《チュエハクプ》候補（三月二五日の民団中央本部団長選挙に立候補）が記者会見で声明を発表。①民団選挙に大使館が干渉した、②金在権公使は録音テープを公開すべきだ、③李禧元団長は民団に官権を導入した責任をとり臨時大会を開くべきだ。

同一五日　裵東湖氏が記者会見で、韓国中央情報部から届いた「出席要求書」の内容を公表。民団中央執行委員会が一六日、裵東湖氏を「反国家的・反民団的利敵行為者と断定する」決議し、中央監察委員会に同氏の処分を要求。

同一八日　録音問題真相報告大会を開催。

七月三日　民団東京本部が臨時大会（七月一五日）を招集。

中央本部が三日、東京本部を直轄すると通告。

同五日　東京本部の常任委員会議、執行委員会議、支部三機関連席会議を改めて開き、①直轄は不当で違法、②即時撤回要求などを確認。中央監察委員会に「直轄撤回要求」を提訴。

中央本部の事務総長ら執行部が六日、事務引継ぎ要求で東京本部事務所に来る。

同七日　神戸領事館で李台熙領事が韓青同盟員に暴行加える。

中央本部が八日、東京本部管下支部の三機関合同会議を招集。

中央監察委員会が九日、裵東湖氏を除名処分。

中央本部が一三日、東京・小石川のホテルダイエーに全国地方本部団長および事務局長を招集。会議の後、参加者代表一二人が東京本部を訪れ、鄭在俊団長に直轄を受け入れるよう勧告。

同一三日　東京本部議長が一五日開催予定の臨時大会を無期延期と発表。

同一四日　李禧元中央団長から「東京本部と朝鮮総連が中央本部を襲ってくるので、中央を守ってほしい」との要請を受けた大阪府本部が、暴力団員を含む大阪民団員五一人をバス二台に分乗させて上京。

中央監察委員会が一五日、鄭在俊団長、閔泳相議長を権利停止三年の処分と通告。

八月二日午前九時二〇分ころ、中央本部の李禧元団長を先頭に辛容祥《シンヨンリン》副団長、朴性鎮事務総長以下の役職員、見知らぬ団員ら三〇余人が東京本部事務所に押しかけ、東京本部の職員らを暴力で追い出し、建物を不法占拠。しかし同夜一〇時四〇分ころ、韓青同、韓学同の盟員および団員ら一二〇余人が実力で不法占拠していた中央側の三〇余人を排除し、建物を奪還。

東京地裁は五日、占有妨害禁止仮処分を申請していた東京本部の主張を認めると決定。

同一一日　韓青同、韓学同が「民団防衛・民主守護総決起大会」を開催し、代表五人が決議文を持って中央本部の李禧元団長を訪れ、退陣を要求。李団長は「検討する」と答える。

新民党の金相賢《キムサンヒョン》議員が三一日、来日。録音事件の真相調査を始める。

九月一一日　金在権公使は韓日国会議員懇談会に出席するため来日中の国会議員らに、虚偽の「処理報告」なるパンフレットを配る。

中央本部は二八日、民団の全国地方本部団長会議をソウルで招集。朴正熙独裁政権の威圧で民団の従順化を図る。

一〇月二三日　民団中央本部は三月中に開く定期中央委員会をこの日、大阪の興銀ホールで開催すると招集。東京本部所属の中央委員の出席を拒否したため混乱が生じ、流会。

李禧元団長は一一月八日、辞表提出と同時に辞任し、記者会見で一ヶ月以内の臨時大会開催を発表。

同九日尹達鏞団長代理が東京本部に対する「直轄解除」の公文書を持って東京本部事務所を訪れる。

この日李禧元前団長が前日（八日）表明した辞職談話文を取り消すため、赤坂「一龍」で記者会見を行なうと、この日午前に中央本部宣伝局長が在日同胞新聞通信社などに連絡。ところが、正午の李団長の記者会見では談話文を撤回しないと言明、同日午後三時ごろになって談話文をやはり撤回すると宣伝局長が電話で各新聞通信社に連絡。このように民団中央本部は混乱し、恥の上塗りを重ねる。

張総明中央議長が一二日、第一九回中央委員会を一二月五日、臨時中央大会を一二月六日に開催すると招集・広告。

同一三日　東京本部管下二二支部の三機関合同連席会議を開催。

民団関東地区協議会が一六日に採択した要望書（①処分の撤回、②録音問題の真相糾明）を中央監察委員会に手渡す。

崔學阜氏が二二日、記者会見し、①今日の民団は団員不在で、官権介入により民主主義の土台が揺さぶられている、②来たる臨時大会を民団再建の転機にしたい、と言明。

同二五日　李禧元前団長が東京本部を中傷謀略した文書を全国の民団事務所、有力者らに郵送。

同二六日　張総明中央議長は予定した中央委員会と臨時大会の開催を延期すると発表。

一二月三日関東地区協議会が開かれ、東京本部の鄭在俊団長、閔泳相議長に対する権利停止処分を撤回するよう求める要望書を再度採択。一二月七日までの回答の期限を定めて中央監察委員会に手渡し、期限内に回答がない場合は、東京本部が予定している「処分撤回要求大会」に統一行動をとると決議。

同六日　朴正熙大統領が「国家非常事態」を宣言。

駐日韓国大使館が一三日、国家非常事態宣言の説明会を開く。この席で、東京本部側の提案により事態収拾のための公開会議が開かれ、東京本部側は①鄭在俊団長、閔泳相議長に対する懲戒処分の解除が確認できれば、②一二月一四日の集会は中止して一ヶ月以内に東京本部の臨時大会を開くと提案。これに対して中央本部側は①一四日の集会を中止、②東京本部の臨時大会開催の後に、③処分解除問題を考慮すると主張したため、収拾ならず。

同一四日　民団東京本部、韓青同、韓学同の共催で不当処分撤回要求大会を開催（虎ノ門・ニッショーホール）。

駐日韓国大使館が二三日、民団東京本部をはじめ大田、品川、杉並、葛飾、中野の各支部に対する領事事務の停止措置を執行。

◎一九七二（昭和四七）年

一月一三日　中央本部が箱根湯本で「保安対策会議」なるものを行なう。

同三〇日　韓青同、韓学同が「母国留学生徐《ソ》兄弟救済運動報告集会」を東京・麹町会館で開催。事件当時の国内情勢、裁判の経過と徐勝《ソスン》君らの現状および救済運動などを報告し、李皓《イホ》大使に要請書伝達。

二月三日　冬季オリンピック札幌大会が開幕。

東京地裁が二九日、昨年八月二日に中央本部が東京本部屋舎を暴力で不法占拠した事件に対し、東京本部の正当性を全面的に認めると判決。

三月一日「3・1節五三周年記念式典」を日比谷公会堂で開催。約三〇〇〇人が参加。主催者を代表して鄭在俊東京本部団長が記念辞。金大中議員（新民党）が来賓祝辞を行なう。

韓青同、韓学同が一五日、中央本部が敵性団体の韓民自統（韓国民族自主統一同盟）、韓民自青（韓国民族自主統一青年同盟）を民団に引入れようとする策動を糾弾。

同二〇日　尹達鏞中央団長代理がソウルで記者会見し「本国の政治家は国内の政争を海外同胞に持

込むようなことはやめて欲しい」と声明。三月一日に金大中議員が演説でふれた問題をとりあげて非難。情報部の陰謀工作の一端を露呈。

同三一日　民団東京本部が三項目の収拾案を中央本部（議長、監察委員長）に示す（①不当処分の撤回、②官権介入の排除、③中央委員会・中央大会の早期招集）。

四月一日　民団中央側の傀儡「組織整備委員会（委員長・鄭東淳《チョンドンスン》）」発行の「民団時事」なるタブロイド版新聞に、「鄭在俊一派を総括せよ」と書く。

同一〇日　東京本部代表らが尹達鏞団長代理らと会い、三項目収拾案について意見を交わす。関東地区協議会が一二日、①東京本部の三項目収拾案を支持し、②中央委員会・中央大会を四月中に開くよう要請決議。

同一三日　民団中央執行委員会は「韓民自統・韓民自青」に対する敵性団体規定を解除（規約違反行為）。

同一五日　鄭在俊団長の自宅に火災ビンが投げ込まれて爆発。

同一八日に都内支部三機関合同連席会議を開催。会議参加者らは中央本部を訪れ、中央三機関長らに先日の火炎ビン投入事件などテロ行為に抗議。収拾対策について翌一九日の早朝まで激論の末、「除名、停権処分を二一日に解除発表する。それが実行できない場合、団長代理、議長、監察委員長三人は引責辞任する」との覚書に署名、正常化をめざす。

同二〇日の中央執行委員会は、大使館の圧力に屈して「覚書」は無効と発表。

中央三機関長は二一日、赤坂の韓国料理店で記者会見し去就を発表すると記者を集めたが、当事者は一人も出席せず、事務総長と組織局長が「覚書は脅迫と暴力によって書かれたもので無効」との談話を発表するのがやっと。

中央本部側が二四日、東京本部側の鄭在俊団長など一一人を「監禁・暴行・傷害罪」で告訴。

同二八日　民団京都府本部は定期地方委員会を開催し、①中央三機関の退陣、②中央委員会、中央大会の早期開催などを要求する決議文を採択。

五月二日　関東地区協議会が中央本部に対して覚書の履行を促す。

同二二日　在日韓国新聞通信協会（金晋根《キムチングン》会長）が民団混乱事態の収拾案を提議。①中央本部はすべての処分を直ちに解除せよ、②東京本部は「8・2事件」などの事態について遺憾の意を表明せよ、③大使館は民団の自主性を尊重せよ。

中央本部が二九日、全国地方団長会議を開催（箱根湯本のホテル）。東京本部関係者の入場を遮断。暴力団を含む組織ゴロ、韓民自青ら警備員二〇〇人を動員し、大使館・全国領事館勤務のＫＣＩＡ要員が多数参席して、一方的に中央本部が発表する「基調報告」なるものを決議。三多摩、神奈川、千葉、京都などの地方本部団長が中央の報告に賛同せず、ファッショ的手段と強圧的会議の進行を批判するが、多数に脅迫される。

六月一四日　警察が民団東京本部、韓青同中央本部、鄭在俊団長宅など一〇カ所を強制家宅捜索。中央本部が二六日、東京本部を再度直轄すると通告（第二次直轄）。

七月二日　大阪で民団中央本部とＫＣＩＡ指導の下、韓青同を排除する代わりに「青年部」という傀儡団体を結成。韓青同、韓学同の盟員七〇〇余人が全国から参集し、「青年部」設置策動を糾弾する決起大会を開催。

七月四日　ソウルとピョンヤンで同時に「南北共同声明」発表。民団東京本部が「南北共同声明支持」の声明文を発表。

同七日　民団東京本部、韓青同、韓学同が「7・4南北共同声明支持・民団ファッショ阻止全国民衆大会」を二〇〇〇余人の同胞参加のもと、東京・虎ノ門のニッショーホールで開催。

同日　民団第二〇回中央委員会が市ヶ谷の日傷会館で開かれる。民団中央は敵性団体の韓民自青など暴力団と組織ゴロを大阪などから動員したほか、日本警察の機動隊出動を要請。東京本部側の中央委員の入場と団員の傍聴を禁止し、①韓民自統、韓民自青の敵性団体規定解除、②韓国青年同盟、韓国学生同盟の民団傘下団体認定取消、③東京本部関係者らさらに八人に権利停止処分などを決議。

同一六日　民団神奈川県本部で情報領事に盲従する一部団員らが臨時大会の開催を画策。傀儡本部をでっち上げようとしたが、規約に照らして不法であるとの民主派県本部側の仮処分申請が認められ、大会は不成立。

八月八日　中央本部側が民団第三五回臨時中央大会の開催を強行。韓民自青所属の青年らの警備のもと、ＫＣＩＡ指名の金正柱《キムジョンジュ》氏を団長に選出。

同一五日「8・15解放二七周年を記念し、7・4南北共同声明を支持する東京全体同胞大会」が千駄ヶ谷体育館で、民団東京本部と総連東京都本部の共同主催で開催される。民団側を代表して鄭在俊団長があいさつ。祖国が南北に分断され、日本においても民団、総連が対立している状況で、南北共同声明を双方が支持したのは快挙。

同二〇日　在日韓国人各界有志三〇〇余人が参加して「民族統一協議会」（民統協）を結成。首席議長に裵東湖氏を選出。

同三〇日　南北赤十字第一次本会談がピョンヤンで開かれる。

九月一三日　南北赤十字第二次本会談がソウルで開かれる。

一〇月一七日　朴正煕大統領が全国に非常戒厳令を宣布。憲法を停止し国会を解散。いわゆる「10月維新」始まる。

翌一八日　来日中の金大中議員が東京で、朴正煕大統領の「10月維新」は独裁永久執権を狙う反民主・反統一的措置であると抗議声明を発表、亡命を決意。

一二月一日　鄭在俊東京本部団長と金正柱中央本部団長との間で、民団正常化のための交渉を重ねて「合意書」を取り交わしたが、中央本部の背後圧力のため実行ならず決裂。

同四日　東京地裁、東京本部が申請した「直轄処分無効の仮処分」の理由を正当と認める決定。これにより中央本部が如何なる形で「直轄大会」を開き傀儡本部をでっち上げても、不成立・無効であることが確定する。
同日　中央本部は裁判所の決定を無視して東京本部直轄大会を強行。傀儡団長に鄭東淳なる者を指名。

朴正煕維新独裁と民団の「維新化」

前述の日誌に見るように、その間にも韓国内の政治情勢は激動した。一九七一年四月に実施された大統領選挙は、すべての公務員および反共団体を動員して無理な不正を働き、「投票では金大中が勝利したが、開票で朴正煕が勝つ」結果をもたらし、一ヵ月後の国会議員選挙では多数野党、少数与党の結果を招いた。朴正煕大統領は、選挙期間中に金大中氏が掲げた幾つかの政策を「借用」し、八月一二日に北朝鮮に南北赤十字会談を提案して、その予備会談まで実施しながら、四日後には国家非常事態を宣言して「国家保衛法」を共和党単独で国会を通過させた。また一九七二年七月には「7・4南北共同声明」を発表したかと思えば、同年一〇月一七日にはやはり全国に戒厳令を宣布し、国会解散、憲法停止の「10月維新」を強行。そして一九七三年八月八日の金大中氏拉致事件へと続くのである。

この期間中に、朴正熙政権の上記のような度重なる非常手段に対する受け止め方、対応の仕方において、民団内の私たち東京本部側と中央本部側との間には一層大きな違いが生じた。同時に、韓国大使館と中央本部による在日同胞に対する警戒と弾圧はますます強くなる。彼らはまた東京本部管轄下の都内二二支部の役職員および有力者に対する個別的な懐柔、脅迫などの圧力を強め、私たちの大衆基盤を切り崩す戦術に出た。一九七一年一二月末を最後に、旅券発給手続など従来民団が行なってきた領事事務の一切を、東京本部と本部を支える支部から奪ってしまった。このため東京本部には一般団員から入る団費、手数料などが入らなくなり、大衆動員が不可能になった。また東京本部の運動に参加する者は家族全員が韓国への旅行も、他の海外へ出ることもあきらめなければならなくなった。このころから、私たちの運動に参加する大衆は韓青同盟員など青年が主体となり、同胞団員一世は強い民族・民主意識を持った信念のある人々だけになった。

一方、全国の地方本部も民団員個人の団費や寄付金が集まらず、各地方本部が中央本部に納める割当金も集まらなくなった。民団組織の総体が団員同胞から支持と協力を得ることが困難になってきた。

そこで、これを好機と見たのだろうか、朴正熙政権は民団に年間約一〇億円の支援金を国家予算から拠出することを決定し、これを一九七二年から実施した。民団中央本部の年間予算は基本的にこれで賄い、一部を下部組織に割当てることで、地方組織などへの支配力を強めようとした。韓国政府

（中央情報部）は、中央や地方本部の三機関長など組織の要職には、彼らが指名する人物が選挙の形を経て必ず選ばれる仕組みの体制を確立したのである。

さらに朴正煕政権は、日本全国に一〇カ所ある大使館および領事館に多数のＫＣＩＡ要員を外交官の身分で派遣して、本国の野党勢力や金大中氏を支持する在日同胞有力者らを個別的につぶして「転向」させるかたわら、在日韓国商工人および資産家からさまざまな名目で金品を搾り上げた。その金額はひところ、韓国政府が民団に支出する一〇億円の数倍になるだろうといわれていた。この在日同胞の金を搾り上げる役割はＫＣＩＡ要員だけでなく、同郷出身の与党国会議員らがさまざまな縁故で芋づる式に人脈をたどり、ときには民団中央本部の幹部が手先となって、在日一世の事大主義的思想と情緒を巧みに利用した。財布を搾り上げられた多くの在日資産家らは、本国へ帰国した時、権力の「エライ」人々の歓迎を受けることを本気で光栄に思う人もいたが、彼らの権力に睨まれたときの恐ろしい「不運」を予防する対策として、あるいはソウルで困ったことが生じたときに逆に利用する打算から、「支出」する者もいた。

こうして、朴正煕独裁情報権力の腐敗堕落した反民主・反民族勢力と在日有力者らは癒着・結託し合い、民団組織を「維新化」し支えたのである。このころ、朴正煕大統領が提唱した「セ・マウル運動」に全国の民団が組織的に動員され、「貢献」した功績が「歴史的罪業」との評を受けるとは、それに参加した民団役員は誰一人自覚しなかったことだろう。

東声会・町井会長との面会

暴力団・東声会の金世基専務から同会の町井会長と一度会って話し合いをしてくださいと言われたのも、そのころのことだった。

町井氏の父親は私と姓氏が同じである。私はそれにこたえて、民団東京本部の羅鍾卿副団長を同伴して約束の日に金世基氏に案内され、都内某所にある町井氏の自宅を訪ねた。立派な邸宅の玄関前には、数人の手下が迎えに出ていた。彼らの案内に従って玄関に入ると、突然、手下の一人である金世基氏が、「団長さん、すみません」と言いながら私を服の上から触り、身体検査を行なうのである。なるほど、これも親分の部屋に入る者にとっては避けられない儀礼と思い、忍従するしかなかった。玄関から奥に向い、一人が通れるくらいのうなぎの寝床のような細い廊下を通り、広間に出、それから二階へ通じる階段を昇り、立派な広い座敷に通されて座っていると、間もなく本人が現われた。

町井氏は、「本日はおいで下さりありがとうございます」と言って私と握手を交わしながら、二、三儀礼的な挨拶の言葉を述べて席に座った。そして彼は私に向かって、「今あなたが進めている民団自主化運動や朴政権打倒運動をやめることはできないのか」と単刀直入に切り出すのである。私は、暫く話の続きが出ないのを待ってから、「ご心配はありがたいが、それはそう簡単な話ではない。私には私のいく道があり、あなたにはあなたの道があると思う」と言って、お互いに自分の道を行くより方法がないと述べ、「仕方がありません」と互いに納得して別れた。

さらに、いつごろのことであったのか定かでないが、ある日、ロッテの重光社長（辛格浩《シンギョクホ》氏）から電話がかかってきた。彼の話を聞いてみると、やはり話の趣旨は町井氏と同じで、「政治的な運動には関わらない方がいいですよ。事業家は事業に専念すべきだ」との「忠告」であった。私はこの人にも情報部（ＫＣＩＡ）の手が廻っているのだと察し、話を中断した

「背景」ある友人の忠告

朴正熙大統領の「10月維新」宣布以後、在日韓国人の民団社会においても、韓国内と同じように、いたるところにＫＣＩＡという「陰地」（中央情報部の要員たちは自らを陰地の勇士といっていた）の目が常に光るようになった。昨日までは友人・知人の間柄であったのが、今日は疑心暗鬼の目で互いの腹の中を探らなければならない雰囲気の殺伐な時代になっていた。

韓日協定に基づく在日韓国人の永住権申請運動が、韓国籍の民団所属同胞と朝鮮籍の朝鮮総連所属同胞間に明確な三八度線を画したように、同じ韓国籍の民団員でありながら、「維新民団」を支持する同胞と民主自主民団勢力にくみする同胞間では、互いに対立する側の冠婚葬祭に参列することさえ

できなくなった。KCIAの目が監視しているから、あるいはその手先らがKCIAに密告するのが怖くてそうするのであった。そんな荒んだ時代のある日（一九七二年の春ごろと思う）、そのころめったに音信のなかった旧友から電話があり、食事に誘われた。彼は、新宿・池袋界隈を拠点とする「極東組」の会長・三浦周一氏（本名・呉周一《オチュイル》）で、私より一つ年上の辰年生まれであることから、会うといつも「俺が兄貴だからな……」という間柄であった。久しぶりに会ったので、酒を呑みながらいろいろの話を交わしているうちに、突然、三浦氏は韓国語で奇妙な話を始めた。

彼の話は、今、塀の上では蛇が下の鶏を狙い構えているのに、塀の下の鶏は危険に気づかずときを告げはばたいている、というたとえの話であった。昔、朝鮮の農家などでは垣根に土塀を巡らして壁を造り、その上にカボチャのつるを這い上らせ、壁の上で実らせるようにしたが、その塀にときには蛇が這うのを見ることがあった。その蛇がいま狙っている者は誰で、蛇は誰を意味するのか。この話を聞きながら、初めは話の意味を理解することができず、しばらく考えたのである。ははあ、私がその鶏で、私を狙っている蛇はKCIAか！　私が三浦氏にそのような意味のことを言ったとき、彼はただうなずくだけでそれ以上語ろうとしなかった。

そこで私は、私とあなたの歩む道は違うのだから、ご心配いただくのはありがたいけれど、今までのようにそれぞれの道を行けばいいでしょう。塀の上で蛇が狙っていようとも、私は今の運動を続けなければならない使命がある、と言って別れた。それ以来彼と会ったことはない。朴正熙の側近からサジェスチョン（示唆）を受けて鄭在俊の意思を挫くように説得を試みたのかもしれない。あるいは私に対するＫＣＩＡの企みを予知して、友情から私に忠告しようとしたのかも知れないが、確認せず仕舞いである。

自宅に火炎ビン投げ込み、刺客来訪

金在権公使の「録音事件」捏造に端を発した民団中央本部と東京本部間の対立抗争がますます拡大、激化して行くなか、私は事態を何とか収拾しなければと思って努力したが、相手は応じてくれず、解決の糸口を見出す術を知らぬまま年も明け、一九七二年を迎えた。同年一月二〇日午後、本郷三丁目の東京本部事務所で、新年を迎えて初の都内二二支部三機関および事務部長合同会議を開き、当面の課題について意見を交換した。

ところが、間もなく開催される予定の札幌冬季オリンピックに際して、在日同胞の本国家族を日本に招請する事業を計画していたが、これを口実に大使館と中央本部は二二支部のうち、彼らに従う支部の役職員を集めて招請事業推進団体を組織し、その事務所を中央本部内に置くことを決めていたことが分かった。某支部団長が、それは筋が違うのではないかと異議を述べて従うことに迷っているとのこと。洪性采領事（ＫＣＩＡ要員・後に金大中氏拉致事件に加担）に呼ばれ、「鄭在俊団長の指示は一切拒否しなさい」と戒められたとのこと。このような内幕の背景が明らかになるにつれて会議は紛糾し、発言の秩序は混乱してきた。そのとき、新宿支部団長の金泰燮《キムテソプ》氏が連れてきたヤクザ二人が意図的に会議を混乱させるための野次を飛ばしていた。私は見かねて彼らに注意を促したが、金泰燮支部団長がいきなり私に向かってコップの水をかけたのである。私は彼に、このことは後日、二人で話し合って決着をつけることにしようと言い、二人のヤクザを退場させて会議を正常に戻した。

それから数日後、私が東京本部から自宅へ帰る途中、新宿二丁目の交差点で車で信号を待っているところへ、金泰燮氏が近づいてきて、「やー、久しぶり」と言いながら、「すぐ近くにある私の店（ナポリ）でコーヒーでも飲んでいけば。それに話すこともあるし」と強く言うので、そうすることにした。話というのは一月二〇日の会議で紛糾し水をかけたことなどについて、私に謝ることであった。結局そんなことで、その日家に着く時間が予定より一時間ほど遅れたのである。

実は、この帰宅時間の遅れが、狙われていた私の生命を救うことになった。家に入った私に、古くからうちで働いている吉田というお手伝いさんがメモを見ながら報告するところによれば、黒い背広を着た中年の男が、私の家（当時、杉並区今川）の門の中にまで黒塗りの乗用車で入り、玄関の横に表向きにエンジンをかけたまま車を止め、「鄭団長の知り合いの者だが、団長から自宅で待っているようにと言われたので、待たせてもらいます」と言って待っていた。吉田さんは彼らが目つきや服装などからあやしい男だと直感し、お茶を渡しながら自動車のナンバーを暗記し、部屋に戻ってメモ用紙に書き留めた。約三〇分が過ぎたころ、男は時計を見ながら「団長さんは他に用事ができたのでしょう、また来ます」と言ったかと思った瞬間、猛スピードで門の外に走り去った。

帰宅して、この話を聞いた私はただならぬことに気がつき、しばらく考えた末、世田谷区でタクシー会社を経営している同志の竹山氏（崔相烈《チュエサンヨル》氏）を家に呼んで経過を話し、車のナンバーを基に持主の正体を調べてくれるように頼んだ。彼が陸運局などを通して調べた結果、黒背広の男が乗ってきた車のナンバーは、江東区の民団支部団長・朴某（運送会社経営）が廃車した車のナンバープレートで、それを仮着装してきたことが判明した。その朴某という人物は録音事件が発生した当初から李禧元派に属し、大使館の洪性采領事とも親しくして操られていた男で、前年八月二日の民団東京本部侵奪事件の夜、李禧元団長とともに酒盛りをやっていたところへ、韓青同の青年たちが奪還のため突入してきて慌てて逃走したが、その際に負傷した前歴がある。そのような立場から、廃車ナンバープレートを提供する役割を担当するなど「陰謀」に加担したらしい。しかし、幸いにも彼らの狙いもはずれて陰謀は未遂に終わったので、警察沙汰には至らなかった。それにしても私の生命を狙った刺客は誰が寄越したのかを考えた。

実は、この出来事より前の一九七二年四月一五日午後八時二〇分ころ、私の自宅に火炎瓶三個が投げ込まれ、家の外壁の一部が焼けるという事件があった。警察に通報したが、犯人は遂に挙げられなかった。

民団中央本部の組織局長が中心になって、これより先に都内の反共過激分子らを集めて「組織整備委員会」という集団を組織し、その団体が「民団時事」という名のタブロイド版新聞を発行していたが、その四月一日号に「鄭在俊一派を総括せよ」という見出しの記事を大々的に載せ、都内の民団員にばらまいた。

そして同月一三日、民団中央本部は緊急執行委員会を開き、黒幕の人物・李栄根《イヨングン》の組織である韓民自青らに対する敵性団体規定を、民団の規約に基づく手続を踏むことなく、ＫＣＩＡとの密約に基づいて解除した。中央本部は彼ら青年行動隊を民団に引入れて暴力団まがいの「組織整備委員会」を結成し、彼らが「鄭在俊一派を総括せよ」との号令に従って火炎ビンを投げ込んだことが分かった。東京本部はその経緯を指摘した声明を発表すると同時に、中央本部を訪れて抗議した。

私は、刺客来訪のこと以来、夜間外出は厳格に慎み、朴正熙政権側から来る料亭への招待や個別会談の誘いには一切応じないことを決心し、その後これを実行したのであった。

7・4南北共同声明と民団

それは一九七二年七月のことだった。韓国大統領府・青瓦台が重大発表を行なうという予告があったので、その時刻にテレビのニュースを見ていたら、南北統一のために南北政府当局者が話し合いで合意した「南北共同声明」が、ソウルとピョンヤンで同時に発表されたというのだった。何よりも喜ばしいことで、驚くべきニュースであった。私たちは翌日の新聞報道を詳しく読んでから、緊急会議を開いて対応策を論議した。何はともあれ、統一は自主的に、平和的方法で、民族大団結を図ることで成し遂げることに合意し、「双方は、以上の合意事項が祖国統一を一日千秋の思いで渇望する全民族の一途な念願に符合するものと確信し、この合意事項を誠実に履行することを全民族の前に厳粛に約束する」という声明だった。私たちはこの歴史的約束を信ずることにした。

しかし、同志のうちには、ソウルとピョンヤンの独裁権力間で隠密裏に合意したこの芝居じみた共同声明発表の背景には、釈然としない何かが隠されているように思うと言って、積極的には支持できないと主張する者もいたが、ともかく朴正熙政権がこの線から後退せず約束を履行するように、国内外の皆が推し進めなければならない、私たちが率先して行動しよう、という意見にまとまった。

この方針に基づいて八月七日、まず韓青同と朝青同（在日本朝鮮青年同盟）が共同主催で「7・4南北共同声明支持大会」を開催したのを皮切りに、可能な地域の支部から盛上げる形で、民団と総連の共催による支持大会の開催運動を展開した。

そして八月一五日、民団東京本部と総連東京都本部の共同主催による「8・15解放二七周年を記念し、7・4南北共同声明を支持する東京全体同胞大会」を、東京千駄ヶ谷体育館に一万三〇〇〇人の同胞が集ったなかで盛大に行なったのである。この大会の模様は、日本のマスコミからも注目されたが、韓国内の新聞やテレビなども大きく報道し、その意義を評価する内容が主流であった。

しかし、初めての共同主催事業には、実に難問が多くあった。これまでの南北対話が進まなかった経過から見られるように、韓国民団の立場と朝鮮総連の立場は、同胞同士でありながら、背負っているイデオロギー的対立と政権の対決による現実的矛盾を跳ね除けることができなかったからである。特に、韓国大使館と民団中央本部は私たちに対し、共同主催とは名目だけで何もかも総連に牛耳られ、民団としての自主性を失い、そのうちにそっくり食われるに決まっているという常套語で自己卑下し、大会開催を強行すれば参加者は処分すると恫喝していた。

私たちは、そのような口実になる「へま」を見せないためにも、実務レベルの準備会議において殊更に努力した。大会進行の順序を決め、対外的に発表される文書は共同で作成し、双方の発言はその原稿を事前に相手方に見せて了解を得る。参加人員は同数、費用も折半などの原則を決めた。それでも最後の段階で、前日の深夜まで合意に至らない事項に遭遇したのである。総連側が、東京都本部の立場で総連中央本部の祝賀挨拶の原稿を事前に「検閲」するようなことはどうしてもできないというのである。そこで、一時は決裂もやむを得ないと思う瞬間もあったが、こちらが「用語」と「内容」について慎んでもらいたい条項を提示し、それを総連側が受け入れたので、八月一五日午前三時、トップ会談での最終合意を見ることができたのである。

そのようなこともあって、結果的に、その大会で交わされた全ての文書と発言内容は双方の新聞紙面に掲載されたが、それを口実に一方が他方に牛耳られたなどの批判は、どちら側からも全く出なかった。

ところが民団中央本部は、南北政府当局者が「この合意事項を誠実に履行することを全民族の前に厳粛に約束」した統一のための「7・4南北共同声明」に対応する私たちの言論・大会を、当初から阻止する態度に出たのである。私たちの常識ではとても理解できない理屈を並べて、大会に参加しようとする同胞団員を実力で妨害し、来場者を追い返す暴挙に出た。それにもかかわらず当日、千駄ヶ谷体育館周辺には続々と同胞が来場し、一万三〇〇〇人の大集会となった。

大使館の領事、参事などＫＣＩＡ要員らは会場に集まる同胞の顔写真を撮り、後日、その人々を大使館に出頭させ、本郷三丁目の鄭在俊東京本部には一切協力、参加しないように強要し、さらに韓青同や韓学同の集まりに息子や娘を参加させないように念書を書かせた。これに応じない同胞団員には、旅券を発給しない、入国を許可しないなどと脅迫した。ある団員は韓国に入国した後、スパイ容疑で逮捕され、さんざんなひどい目に遭っている。

一方、民団中央本部は、この南北共同声明支持の共同大会が全国的に拡大するや、各地方の民主派民団側や韓青同の中心幹部を除名や権利停止などの処分にするという蛮行に出た。この処分対象になった人たちは、民団の自主化や韓国の民主化、金大中先生救出運動を行なった愛国者であった。民団から除名された者は旅券の申請資格を失うため、祖国の故郷に行けないばかりか、日本国外に出るにも出られない。このような処分は人道に反するという理由から、私たちは「不当処分撤回要求」の訴訟を起こしたのである。

しかし、裁判所は、韓国内の政治問題に関連すると見たのだろうか、なかなか結論を出さず、そのうちに朴正熙政権は戒厳令の宣布や金大中氏拉致事件などで国内を軍事独裁化してしまったため、国内外で「7・4南北共同声明」支持の運動は一時中断せざるを得なくなった。そのため南北関係は後退してしまった。まったく残念というより言いようがない。

第七章　金大中先生救出運動と反独裁闘争

金大中先生との出会い

民団東京本部の三階ホールは、在日韓国青年同盟中央本部が事務所として使用していた。韓青同は毎年夏季と冬季の二回、全国の同胞青年を集めて海や山で講習会を開き、合宿しながらスポーツなどを通じて互いの親交を深める一方、民族教養の学習などを通じて在日韓国人としての自覚と使命感を高める活動を実施していた。学習には計画したテーマにふさわしい講師を招いて講義を開き、ときには夜が更けるまでのディスカッションなどを通じて自己錬磨した。

一九七二年二月二〇日から長野県白樺湖で開催された冬季講習会には、日本各地から男女青年五〇〇余人が集まり、初日の昼は各自がスキーを楽しみ、夜は金大中先生の話を聞くことになっていた。

韓青同は民団東京本部などと一体となって民団の自主性と韓国民主化、祖国統一を目指して運動する私たちの同志であり、傘下組織であったため、私は毎年、彼らの講習会に顔を出して激励し、カンパしていた。

　この年は金大中先生と同行することになり、私が自家用車のハンドルを握ってホテルまで走らせた。途中昼食のため、すし屋に入った。後日分かったことだが、金大中先生は生ものは口に入れない習慣があるので、めったに刺身類は食べないのであった。

　実はこのとき、ベルリン・オリンピック金メダルの孫基禎《ソンキジョン》先生も同行したが、その夜、三人は同じ部屋で多くのことを語り合った。二人の貴重な経験談に私は深い感銘を受け、今でもあのときの話は記憶に残っている。夜もふけて私たち三人は同じ部屋に泊まったが、三人とも布団に入ってからも寝付かれず、話は未明まで尽きることがなかった。

　特にこの夜、在日同胞の青年たちを前に金大中先生が話した講演の内容は、後の彼らの思考に強い影響を与えたのではないかと思う。ここに、そのときの金大中先生の話の一節を引用する。


　わが国では、なぜ独裁政権が生まれるのか。どうして民主主義が育たないのか。その原因の第一は、わが祖国の歴史と伝統に起因するところであろう。しかし、それよりももっと現実的な理由は、アメリカの対韓政策の責任であると言わねばならない。8・15解放と6・25動乱（日本でいう朝鮮戦争）で、われわれはアメリカに対して民主主義の使徒、民主主義の天使、民主主義のメッカと思ってきた。

しかし、アメリカは韓国に来て何をしたのか？　民主主義を守るためには「反共」でなければならないと説教した。「反共」さえ叫べば、どのような腐敗・独裁者でも傀儡政権に仕立て上げ、銃と金を与えて後押ししてきた。その結果が今日の韓国であり、アジアの国々の姿である――と。

それからまもなくして、東京・日比谷公会堂で「3・1節五三周年記念大会」が開催された。

このときは、民団中央本部が東京本部に対する第一次直轄処分（一九七一年七月～一一月）を解除し、第二次直轄処分（一九七二年六月～同年一二月、東京地裁は処分無効の仮処分を決定する）を実施する前の期間で、しかも団長、議長が権利停止処分の状態にあるにもかかわらず、東京での「3・1節記念大会」を民団関東地協の実質的事務局である東京本部が主催することを中央本部が認め、そこに彼らも参加せざるを得ないという奇妙なタイミングであった。

この記念大会には例年、来賓として駐日大使、そして来日中の本国政治家などが招かれるが、その年は金大中先生が招待され、大使と並んで壇上に座っていた。

この日の式典には、録音事件に始まる紛争の最中であるという状況と、金大中先生の講演があるというニュースが広がったため、いつもの年とは違う雰囲気がただよい、会場にあふれるほどの同胞大衆が参加した。

その中で、私が主催者を代表して記念辞を述べた後、来賓祝辞が終わり、特別講演の金大中先生が演壇に立ったとき、大使は起ち上がってカーテンの間から消えた。すると尹達鏞中央本部団長代理をはじめ中央本部関係者らは全員、大使の後を追って壇上から去ってしまったのである。

金大中先生は演説を始めた。その前年の第七代大統領選挙後の国内政情、朴正煕大統領が宣布した国家非常事態の不当性、南北関係などについて述べ、南北平和共存、民族統一実現の道を示す熱弁を振るい、満場の熱い拍手を受けた。

ところが三月三〇日、尹達鏞中央団長代理がソウルで記者会見し、「3・1節記念大会」における金大中先生の講演の内容についてでっち上げて紹介しながら、「本国の政治家が国内の政争を在日同胞社会に持ち込むべきではない」と、もっともらしい声明を発表するという芝居を演じたのである。

この芝居がＫＣＩＡのプロデュースによるものであったことが後に明らかになり、民団組織内部で失笑を買うが、問題はそれで済むのではなく、このころからすでに、朴正煕権力の中枢部では翌年八月八日の金大中氏拉致事件の計画が練られていたと思われるのである。

金大中先生の箱根演説

これまで述べたように、捏造録音事件以来、私は多くの同志とともに、朴正煕軍事独裁政権の情報権力とその従属団体に転落してしまった民団中央本部の不当な懲戒処分と弾圧に抗して闘う毎日が続いている最中に、金大中先生と出会うことになった。

そのころ、病気治療のため滞日中であった金大中先生は、東京で朴正熙大統領の「10月維新」を非難する声明を発表し、日本と米国で反独裁民主回復のための闘争を海外同胞と組む構想を考えるようになった。

一九七三年三月二一日、箱根湯本のホテル橘荘で、民団東京本部主催の「民団民主化運動活動家研修会」が行なわれた。ここには東京を中心に選ばれた各地の活動家一〇〇余人が参加した。金大中先生はこの席で演説し、民族の歴史と政治について幅広く触れた後、民主化と統一について御自身の考えを熱っぽく語られた。その中で金大中先生は、民団の正常化・民主化と韓国の民主化は、朴正熙独裁政権が続く限り成就し得ない。民族の自主的平和統一も、韓国に民主政府が樹立されない限り実現することはあり得ないと述べた。

一時間半にわたる金大中先生の熱のこもった憂国の話を聞いた後、さらに討論を重ねるなどして互いの認識を深め、確かめ合い、今後の運動の方向と闘争の意志を高める重大な契機にした。この日の研修と金大中先生の話は、その後の在日同胞組織運動に新たな転機をもたらした。

その後、金大中先生は再び渡米して韓民統アメリカ本部を結成（七三年七月六日）し、七月一〇日に再来日して同二五日、民団東京本部を中心にした主要幹部同志二〇人と会合（上野・タカラホテル）して、韓民統日本本部結成についてみんなの意見をまとめた。また八月四日には金大中先生と金載華《キムジェファ》氏、裵東湖氏、そして私の四者が会談を行い、韓民統結成に原則合意した。

「金大中氏拉致事件」と救出運動

一九七三年八月八日、民団東京本部と神奈川県本部の役員、有志懇談会、韓青同、婦人会の幹部などは、皇居に隣接するパレスホテルで韓民統結成大会に向けて最後の打ち合わせ会議をしていた。

金大中先生は韓国国会議員の梁一東《ヤンイルドン》氏とホテル・グランドパレス（東京・九段下）で会談するために出かけるというので、韓青同の青年をボディガードに付けたが、金大中先生は一人で大丈夫だからと言ってその青年をホテル一階ロビーに待たせ、二二階の梁一東先生の部屋に行かれた。金大中先生はその会談終了後、拉致されたのだった。ＫＣＩＡは当日、金大中先生が梁一東議員を訪問することを知っていて、向かいの部屋を取っていたのだ。午後一時ごろ、韓青同から拉致の報を受け、私達はホテル・グランドパレスへ駆け付けた。金大中先生が拉致されたことを確認し、その日のうちに救出対策委員会を発足させることにした。そしてその夕方、私は裵東湖氏、金大中先生の友人の金鐘忠《キムジョンチュン》氏と故宇都宮徳馬衆院議員を訪問して説明を行ない、先生の案内で議員宿舎へ行き、鯨岡兵輔先生を訪問して協力を御願いした。

鯨岡先生は私に、「拉致事件に間違いないですね」と念を押したので、私は即座に「間違いございいません」と返事をし、先生は協力を約束してくれた。

翌日、金大中先生救出対策委員会が発足し、委員長に私が選ばれた。そして連日連夜、日比谷公会堂や数寄屋橋公園などで集会や断食闘争を行い、また数十回に及ぶ講演会、デモ行進などを実行して、日本国内外に大変な反響を巻き起こした。

事件当日の夜、ホテル・グランドパレスの現場に行った宇都宮徳馬代議士は、その場に集まっている大勢の記者たちの中に流れている非常に奇怪なうわさを耳にしたと言う。それは、「金大中という人物は芝居好きの人であるから、この事件は自作自演の芝居である」というものであった。これらのうわさは事件発生直後の九日以後から早速、新聞や週刊誌などに登場した。さらに、ホテルの部屋から北朝鮮のタバコが発見されたことを根拠に、北朝鮮の陰謀である可能性もある、という記事まで流れた。

このような「流言蜚語」を誰が、何のために流し、操作しているかを推測することはできても、私たちにそれを打ち消す術はなく、救出運動は実に多難であった。

八月八日白昼、東京都心のホテルから行方不明となった金大中先生は、五日後の一三日午後一〇時過ぎ突如、ソウルの自宅に現れた。金大中先生は自宅に駆けつけた記者団に、東京のホテルで屈強な男たち数人に拉致されてから、韓国船に乗せられたこと、体を縛られて海に投げ込まれようとしたこと、投げ込まれる寸前にどこからか連絡が入ってそれが中断され、やがてソウルの自宅近くで解放されたことなどを語った。それは自作自演の芝居どころか命がけの生還だった。こうして犯行の背景が明らかに露出され、実行犯の証拠をつかみながら、韓日両政府は金大中先生の原状回復もしなかった。裏面では工作と取引が交わされ、表面では外交上の政治決着で「問題は解決」したかのように見せかけたまま、今日に至っている。

しかし、この救出運動の過程で、私は真に尊敬に値する人々、真に信頼すべき人、まことの友情を交わせる大勢の人々と出会うことができた。日本や欧米の人々、職業や地位、学歴の区別なく、老若男女の差を越えて、信義と正義感、人道に基づく価値ある人間の美しい心と精神に接し、しばしば感動した。

腐敗・癒着した韓日両国の政治権力が排泄する悪事、それに対する民衆の怒りと苦痛が大きかった反面、道理と正義の心と精神を現わす人々の言動から受けた喜びは、私の生涯でもっとも貴重な人間的体験として、体内に生きている。

果てしない、進めば進むほど絶望的な心境に打ちのめされる「金大中先生救出運動」の闘いの記録を、ここにつまびらかに記述する気力はないが、以下、金大中先生救出運動日誌をメモ的に抜粋し、併せて私自身の活動も明らかにしておく。

金大中先生救出運動日誌

◎一九七三（昭和四八）年

八月八日午後一時ころ、金大中先生は東京・九段のホテル・グランドパレス二二階の二二一一号室で民主統一党党首の梁一東氏と会談。廊下に出たところで、待ち構えていた暴漢数人によって連れ去られ、行方不明になる。

私は警護を担当していた韓青同のメンバーから連絡を受け、他の同志たちと急きょ現場に駆けつけ、前後の経過や現場の状況から犯行は韓国中央情報部（ＫＣＩＡ）の要員によるものと断定し、その場で記者会見して発表した。それから、日本の司法当局に人命救助のための緊急対策を要請するとともに、政界要路を訪ねて事件の背景を説明し、金大中先生の救命のための協力を要望した。

翌九日　民団東京本部の事務所で「金大中先生救出対策委員会」（救対委）を結成し、救出運動の方針について議論。弁護団と相談して金大中先生の「身体確保要請書」を警察当局に提出。朴正熙大統領とＫＣＩＡの蛮行を糾弾し、世論に訴える救出運動の展開について討論した。

同一三日主人公の金大中先生は生死不明の状態ではあるが、その志を継承し約束を果たすために、「韓国民主回復統一促進国民会議（韓民統）日本本部発起大会」を東京・上野のタカラホテルで開催して「韓民統」を結成し、金大中先生を議長に選出した。この日の夜一〇時過ぎ、金大中先生はソウルの自宅の路上で犯人から解放され、無事帰宅した。

韓国が日本の植民地支配から解放された記念日の八月一五日、東京・日比谷公会堂で「韓民統発起宣言大会」を開催し、壇上に「金大中先生を日本に送り返せ」「朴独裁を打倒し、民主回復を闘い取ろう」などのスローガンを掲げる。

引き続き前記の大会を、「金大中先生拉致糾弾在日韓国人民衆大会」に切り替える。大会には三〇〇〇人の在日韓国人が参集し、金大中先生の原状回復と朴正熙独裁政権の退陣を決議。大会後、街頭デモ行進を行ない、韓国大使館前で抗議活動。このとき機動隊ともみ合って負傷者多数。集会後の記者会見で犯人の逮捕と処罰、金大中先生の原状回復を訴える。内外の記者ら多数参加。

翌一六日　救対委員長の鄭在俊と裵東湖氏、安炳国《アンビョングク》氏（在米同胞）らは、前日大会の決議に基づいて国家公安委員長、外務大臣、法務大臣らを訪ね、事件の真相究明と金大中先生の原状回復を要請。

九月二日　京都で金大中先生救対委が結成され、委員長に金在述《キムジェスル》氏就任。

拉致事件と関連して五日、ホテルの拉致現場から駐日韓国大使館の金東雲《キムドンウン》一等書記官の指紋が検出される。しかし当の金東雲は八月一九日、すでに逃亡、帰国していた。

名古屋で金大中先生救対委が結成される。

同六日　救対委と韓民統が非同盟首脳会議に金大中氏救出要請書を発送。

救対委と韓民統は共催で八日、虎ノ門・ニッショーホールで「金大中先生救出韓国人決起大会」を開催。大会決議文、日本首相に送る要請文、国連事務総長と米大統領に送るアピールを採択。終了後、街頭デモ行進。

同一八日　東京・荒川区、大田区、中野区でそれぞれ金大中先生救対委結成。

大阪で二三日、「金大中先生救出韓国人関西大会」を開催し二〇〇〇余人の同胞ら参集。鄭在俊救対委員長が出席し激励の辞。

群馬県で金大中先生救対委が結成される。

同二五日　金大中先生の拉致に使用した車両が、駐横浜韓国領事館の劉永福《リュウヨンボク》副領事所有の自家用車（日産スカイライン車両番号・品川55・も２０７７）であることが判明。金東雲の指紋とともに、朴政権の犯行関与が明らかになる。

一〇月八日　救対委と韓民統の連名で、日本の各界著名人士らに金大中先生救出の協力を求める要請文を送る。

救対委員長の鄭在俊が韓青同盟員らとともに上野駅前（八日）、池袋駅前（九日）で「金大中氏救出を訴える」ビラを配り、署名運動を展開。

救対委と韓民統の共催で一三日、「金大中先生を救出し、本国学生たちの反独裁闘争を支援する在日韓国人民衆大会」を開催。有楽町の読売ホールに二〇〇〇人の同胞が参加。決議文、国内同胞に送るアピール文、国連事務総長に送るアピール文、日本政府に送る要請文を採択。集会後、韓国大使館に抗議デモを行なう。

同一五日　救対委の代表、一三日の集会で採択した日本政府に送る要請文と五万名の署名簿（中間集計）を二階堂官房長官に伝達。

救対委員長の鄭在俊、韓青同盟員らは二一日、金大中先生拉致事件の真相究明を求めるビラ一六万枚を、東京をはじめ全国の主要一〇都市で配る。

一一月二日　救対委員長の鄭在俊は、金鍾泌《キムジョンピル》・田中両首相会談による政治決着に対し「民主主義と正義に対する破廉恥な挑戦行為」と非難する抗議声明を発表。この日、多くの在日同胞が金鍾泌首相の宿泊するホテルの前で抗議デモを展開。

救対委傘下の在日韓国人は三、四の二日間、金大中先生の原状回復を求め韓日政府間の政治決着を糾弾するビラを東京、横浜、埼玉など各地で市民に配る。

救対委と韓民統は八日、東京・全電通ホールで集会を開き、「本国学生知識人たちの民主救国闘争を熱烈に支持し、金大中先生の再来日を要求する決議文」を採択、都内をデモ行進する。

同二七日　九州・福岡で金大中先生救対委が結成される。

一二月九日　救対委と韓民統は「本国同胞の救国闘争を支援し、韓日閣僚会談に反対して、金大中先生の再来日を要求する在日韓国人大会」を開催。韓日定期閣僚会談の開催阻止を叫んでデモ行進。

首相官邸に田中首相を訪ね要請文を手渡す。

この日と前後して、日本の市民団体などはそれぞれの立場から金大中氏救出運動を多様に展開。テレビ、新聞、週刊誌なども救対委の活動を積極的に報道し始める。

救対委と韓民統など在日民主八団体は一〇日から二一日まで、東京、大阪などの一〇大都市と埼玉、滋賀県などの各地で、「金大中先生の原状回復要求」「韓日閣僚会談反対」を訴えるビラ一〇〇万枚を配る運動を展開。

救対委九州代表が一八日、福岡韓国総領事館の職員らから集団暴行を受けた事件に関連し、鄭在俊救対委員長の声明発表。

同二〇日　救対委の代表ら、金大中先生拉致事件の公正な解決と韓日閣僚会談の開催中止を求める要請文を大平外相に手渡す。

◎一九七四（昭和四九）年
二月三日　「朴政権の『緊急措置』発動の暴挙を糾弾する在日韓国人大会」を救対委と韓民統など在日民主八団体共催で東京・読売ホールで開催。維新憲法撤廃、金大中先生の身柄の完全自由を求める決議文を採択。集会後デモ行進。
三月二日　救対委と韓民統などは「3・1節五五周年記念」に際し、「朴独裁政権の退陣を要求する在日韓国人民衆大会」開催。救対委員長の鄭在俊は記念講演で、「朴正煕は日本軍国主義者たちと結託して金大中先生の抹殺を企てた」と朴独裁政権の蛮行を非難。

六月三日　救対委と韓民統、韓青同などは、東京・数寄屋橋公園前で市民にビラを配り、朴正煕独裁政権が金大中先生に対して「選挙法違反容疑」を捏造し、暗黒裁判で処刑しようとしていると糾弾。金大中先生と詩人・金芝河《キムジハ》氏など民青学連事件（国内の青年学生らの民主化運動を弾圧するためにでっち上げた事件）で拘束された人々の釈放のための国際的な支援運動を訴える。

この日、日本市民団体らは港区芝公園で集会を開き、日本政府の対韓政策を糾弾する討論を行なった後、韓国大使館前までデモ行進し、朴正煕政権の民衆弾圧に抗議。

救対委と韓民統は七日、昨年一月にソウル地裁が金大中先生に対して「選挙違反容疑」を名目に法廷出頭命令を出したことに抗議し、「金大中先生に対する不当召喚に抗議し、愛国民主人士・青年学生らの釈放を求める在日韓国人大会」を開催。集会後、韓国大使館までデモ行進し、抗議活動をする。

救対委と韓民統など在日民主八団体は、金大中先生拉致事件一周年を迎えた八月八日、東京・九段会館で「金大中先生の出国と金芝河氏らすべての愛国人士たちの釈放を要求する在日韓国人中央大会」を開き、金大中先生の原状回復、緊急措置解除、金芝河詩人など愛国人士たちの釈放を求める決議を採択。集会後、都内をデモ行進し、韓国大使館前で抗議のシュプレヒコール。

同一五日　救対委と韓民統など在日民主八団体は、東京・読売ホールで「光復節二九周年記念・朴独裁打倒在日韓国人中央大会」を開催。朴正熙独裁政権の打倒、金大中先生の原状回復と犯人逮捕、真相究明を求める闘争を最後まで続ける決意を確認。

一一月一六日　救対委と韓民統は内外の記者団と会見し、「フォード米大統領の訪韓は朴独裁政権を庇護することになり、それによって金大中先生の身辺はさらに危険が増す恐れがある」として、フォード大統領の訪韓中止を要求する声明を発表。

韓国内民主勢力の総集結体である「民主回復国民会議」が結成された二七日、金大中先生が民主化への決意を述べたことについて、在日民主団体はこれを熱烈に支持し大きな勇気を得たことを内外に表明。

◎一九七五（昭和五〇）年

三月一日　救対委と韓民統など在日民主八団体は東京・九段会館で、「3・1節五六周年記念・朴政権退陣要求大会」を開催し、朴正熙独裁政権の即時退陣要求、人民革命党事件の捏造糾弾、金大中先生拉致犯らの処罰などを要求。

救対委と韓民統は五月一日、金鍾泌総理の訪日反対、日本の対韓支援反対、金大中先生拉致事件の解決を求める要請文を日本の衆・参両院議員全員に伝達。

救対委と韓民統など在日民主団体は七月三日、東京で「7・4南北共同声明発表三周年記念大会」

を開催。朴正煕独裁政権の反統一背信行為を糾弾し、金大中先生の原状回復と犯人らの処罰を要求。

八月八日の金大中先生拉致事件二周年を迎え、救対委と韓民統は日韓連帯連絡会議（日韓連・青地晨代表）と共催で「8・8両民族憤激集会」を開催。韓日両政府間で行なわれた金大中先生拉致事件の欺瞞的な「第二次政治結着」を厳しく糾弾する抗議文を採択、朴正煕大統領と三木首相に送る。

救対委員長の鄭在俊など韓民統の幹部らは九月五日、日本社会党委員長を訪ねて韓日閣僚会談の開催に反対する理由を明らかにし、韓日間の黒い癒着と金大中先生拉致事件を国会で追及するよう要望。社会党委員長は全面協力を約束。

救対委と韓民統ら在日民主八団体は一二日、一五日に開かれる予定の第八回韓日閣僚会談に抗議する集会を議員会館で行なう。

一一月二三日　ＫＣＩＡが在日韓国人留学生をスパイとして拘束した「学園浸透スパイ団事件」に関連し、救対委と韓民統は声明を発表。金大中先生を虐殺しようと企む朴正煕政権の陰謀を暴露し、民主化運動に対する抑圧を糾弾。

金大中先生に加えられた選挙法違反容疑事件の不当判決に対して、救対委と韓民統、日韓連が一二月一三日に共同記者会見。金大中先生に対する裁判は朴正煕政権が「政権危機を逃れるためにデッチ上げた政治謀略」と非難する声明を発表。

◎一九七六（昭和五一）年

三月八日　尹潽善《ユンボソン》、金大中氏らが民主化を求めて署名・発表した「3・1民主救国宣言」の愛国人士たちを朴正熙政権が拘束したことに対し、救対委と韓民統は共同で声明を発表。朴正熙独裁政権の弾圧政治を糾弾する一方、全世界の民主勢力の支援を訴えた。

在日民主団体は一八日、東京で「民主救国宣言支持・朴独裁糾弾・拘束人士釈放要求」大会を開き、街頭デモを行なう。

「3・1民主救国宣言」に関連した人士たちを「緊急措置法」で起訴したことに対し、救対委と韓民統は二六日に抗議談話を発表。

四月八日　救対委員長の鄭在俊は「金大中氏事件・ロッキード汚職・日韓市民大演説会」で演説。金大中先生の安全確保を訴えると同時に、韓日政府の癒着を非難。

救対委と韓民統の幹部ら一五人が五月二日、四日に開かれる「民主救国宣言事件」の初公判に抗議して、東京・数寄屋橋公園でハンスト闘争を始める。裁判が延期されたため集会を開き、日本外務省に対して金大中氏拉致事件の完全解決を求める要請活動を行なう。

救対委と韓民統、韓青同などが一一日、ハンスト闘争と並行してビラ配布や署名・カンパ集めなど街頭宣伝活動を展開。

五月一五日　「民主救国宣言事件」裁判に抗議して、救対委員長の鄭在俊をはじめ在日民主活動家一〇〇余人が横断幕を掲げて駐日韓国大使館前でデモ。

八月八日に救対委は「金大中先生を救う会」（会長・青地晨氏）と共催で「再び金大中氏事件を告発する8・8集会」を開催。韓日両政府の政治決着の欺瞞を糾弾し、両国民衆の連帯闘争を決議。

一二日から一四日まで「韓国問題緊急国際会議」を開催。一六カ国から著名人士が参加して、朴正熙政権の独裁政治を糾弾し、金大中先生の原状回復を要求。

同一五日「韓国の民主化闘争を支援する緊争国際大集会」を日比谷公会堂で開催。

引き続き、同会場で民団東京本部主催の「8・15光復節三一周年記念大会」を行なう。集会後、朴正熙独裁政権の退陣、金大中先生、金芝河詩人らの釈放を求めてデモ行進。この日の集会・デモには外国人も含めて二〇〇〇余人が参加。

「民主救国宣言事件」裁判で二三日、金大中先生に懲役八年、関連人士全員に有罪判決を宣告したことに対し、救対委と韓民統は抗議声明を発表。

日韓連など市民団体は二八日、韓国大使館に押しかけ、朴正熙政権の人権弾圧に抗議するデモを行なう。この日、日本の新聞、テレビ、ラジオなどマスメディアは一斉に朴正熙政権の不当裁判を非難する報道を行なう。

九月四日　救対委と韓民統ら在日民主団体所属の高齢者六人が、「金大中氏、金芝河氏など民主人士の釈放を求める在日韓国人高齢者ハンスト闘争」を東京・数寄屋橋公園で二日間行なう。

救対委などは二〇日、獄中で生命の危険にさらされている金大中先生を救出するため、日本および世界の友人たちが行動に立ち上がるよう訴える書翰を各国の政党、社会団体、著名人士などに送る。

救対委員長の鄭在俊と韓民統幹部らが二二日に首相官邸を訪問。金大中先生の健康回復のために医師団の派遣を求める要請文を三木首相に手渡す。

一〇月一六日　救対委と韓青同は共同で、東京・YMCA会館で「生命の危機にある金大中先生の即時釈放を要求する緊急集会」を開き、韓青同が日本全国で展開してきた一〇〇万人署名運動の経過を報告。

一一月二三日　金大中先生と政治犯の釈放を求める一〇〇万人署名の達成を報告する「百万名署名を超過達成し、3・1民主救国宣言を支持して、全政治犯の即時釈放を要求する韓日大集会」を開き、青地晨代表らの国連派遣を決議。また署名簿の写しを日本政府に伝達することを決め、集会後、署名簿を積んだリヤカーを先頭に東京都心をデモ。

ソウル高裁が一二月二九日、「民主救国宣言事件」関連の金大中先生らに懲役八年を宣告したことに対し、救対委が抗議声明を発表。

◎一九七七（昭和五二）年

一月二一日　一〇〇万人署名簿（写し）を園田官房長官に手渡し、金大中先生の生命安全のための医師団派遣を求める要請文を伝達。

三月一日　東京で「3・1節五八周年記念・民主救国宣言一周年」を記念して朴正熙政権退陣要求の大会を開催。金大中先生ら愛国人士たちの釈放を求める在日同胞の声が噴出し、参加者全員で民主化闘争の貫徹を誓う決意を表明。

「民主救国宣言事件」関連者に対する刑確定（二審と同じ）に対し、救対委と韓民統は二二日、不当判決の撤回を求める抗議声明を発表。

四月一一日　救対委と韓民統は金大中先生の健康悪化を憂慮し、日本政府が医師団を派遣するよう求める声明を重ねて発表。外相を訪ねて要請文を手渡す。

金炯旭《キムヒョンウク》前KCIA部長が六月二三日、米議会で証言したことに関連して、救対委と韓民統は記者会見し、「日本政府は金大中先生の原状回復を実現するよう求める」声明文を発表。

七月五日　救対委は「金大中先生の原状回復を要求する緊急集会」を全電通会館で開き、日本政府に送る要請文を採択。集会後、都内をデモ行進。

米議会のフレーザー委員会から、証言のために招待されていた韓民統幹部三人に対する再入国許可が拒否されたことについて、二三日に救対委と韓民統が日本政府への抗議声明を発表。

八月七日　金大中先生拉致事件の四周年を迎え、救対委と韓民統など在日民主八団体は金大中先生の原状回復をあくまでも求める決意をあらたに確認。日本政府の姿勢を糾弾する一方、拉致事件の速やかな解決を求めてデモ行進。

韓民統など在日民主八団体は一五日、東京・ニッショーホールで「光復節三二周年記念・民主民族統一海外韓国人連合結成宣布大会」を開催。これに先立ち、一三日から東京・上野の池之端文化センターで「海外韓国人民主運動代表者会議」を開き、民主民族統一海外韓国人連合（韓民連）を結成、世界的規模の朴正熙政権打倒と民主回復運動の組織を作る。維新民団の暴力団が会議場を襲撃し、負傷者が多数出る。

九月三日　救対委と韓民統は第九回韓日閣僚会談の開催に反対し、韓日両政府の癒着は金大中氏拉致事件を闇に葬るものとの非難声明を発表。

救対委と韓民統など在日民主八団体は一〇月二六日、維新撤廃を求める国内学生たちの決起を支持する声明を発表。韓青同は本国学生の闘争を支持するビラを配布するとともに、金大中先生の原状回復を訴える。

一二月一九日　金大中先生が晋州《チンジュ》刑務所からソウル大学病院に移送されたニュースに接し、救対委と韓民統は記者会見で朴正熙独裁政権の非人道的措置を非難し、即時釈放を要求。

◎一九七八（昭和五三）年

救対委と韓民統、韓民連は三月一日、「海外韓国人3・1宣言」を発表して「維新選挙」の拒否闘争を訴え、金大中先生の投獄継続を糾弾。

四月一九日「維新選挙」拒否一〇〇日間運動の展開中に「4・19学生革命一八周年」を迎えた救対委と韓民統、韓青同などは集会を開き、朴正煕政権の退陣、維新選挙の中止、金大中先生、金芝河氏など民主人士の釈放を要求。集会後デモ行進。

救対委と韓民統は二九日、五月一八日に行なわれる予定の「統一主体国民会議」代議員選挙を非難する声明を発表し、朴正煕独裁政権の退陣と金大中先生の即時釈放を要求。

在日民主八団体は五月一七日に集会を開き、統一主体国民会議の選挙実施を糾弾。維新撤廃・金大中先生の釈放を求める決議を行なった後、街頭デモ。

六月一三日、韓国で全く「寝耳に水」の判決が出たというニュースがソウルから東京に伝わった。韓民統が大法院（最高裁）で「反国家団体」と規定されたという。聞けば金整司《キムチョンサ》という在日韓国人留学生が韓国でスパイ容疑でつかまったが、その学生は日本にいる時、一度だけ韓民統の集会に行ったことがあり、それが怪しからん。「なぜなら韓民統は反国家団体だから」とされた。そもそも同裁判は韓民統がテーマでもないし、金整司も韓民統とは無関係な人物だ。判決文にKCIAの差し金で唐突に挿入されたであろうこと一言はしかし、その後、民主化時代を迎えた後も長く私たちを苦しめた。

八月八日　救対委と韓民統、韓青同、日本の市民団体などで構成した「金大中氏救出八・八実行委員会」が東京・豊島公会堂で「金大中氏の原状回復を！　8・8中央集会」を開き、「この日から八ンスト闘争に突入している金大中先生の精神をわれわれの精神として受け止め、闘い続ける」ことを確認。韓日民衆の連帯闘争を市民に訴える。

救対委員長の鄭在俊など八・八実行委代表たちは翌九日、首相官邸に安倍晋太郎官房長官を訪ね、8・8集会で採択した日本政府宛の要請文を手渡す。

九月八日　救対委と韓民統は、金大中先生が獄中で続けているハンスト闘争に呼応して「金大中先生の無期限断食闘争を支援する在日韓国人ハンスト闘争団」を結成、東京・数寄屋橋公園で無期限ハンスト闘争に突入。これに連帯する日本の市民団体が連日支援に駆けつけ、ビラ配布や署名、カンパ活動などを行なう。

在日韓国人ハンスト闘争団代表と救対委員長らは一二日、首相官邸と外務省を訪問。金大中先生救出のため日本政府が具体的な人権救済策を講じるよう強く要請。

翌一三日　国内外同胞の要請と説得などで金大中先生がハンストを中止したとのメッセージに接した数寄屋橋ハンスト闘争団は、今後の闘争を考慮してハンストを中止。

一一月二日　「金大中氏拉致はＫＣＩＡの犯行」と断定した米下院フレーザー委員会の最終報告と関連し、救対委員長の鄭在俊は談話文を発表。「日本政府は、拉致事件の真相が満天下に明らかになった今、金大中先生の原状回復などを実現させ、事件を正しく解決しなければならない」と要求。

金大中先生が一二月二七日に二年九カ月ぶりに釈放される。この日、救対委と韓民統は記者会見を行ない、「金大中先生の釈放は民主化闘争の成果」であるとし、日本政府に対して原状回復の早期実現を求める声明を発表。

日本の市民団体なども、金大中先生の釈放を機に外務省などを訪ね、原状回復などを求める。

◎一九七九（昭和五四）年

二月一〇日　金大中先生が一時検察に連行されたことに関連して、救対委と韓民統は抗議談話を発表。

在日民主八団体は三月一日に全電通会館で集会を開き、維新体制とすべての悪法の撤廃、金大中先生の原状回復を求める決議を採択。終了後、都内をデモ行進。

三月五日　金大中先生と民主人士たちが結成した「民主主義と民族統一のための国民連合」と関連し、救対委と韓民統は全面支持の声明を発表。

救対委と韓民統は四月六日、カーター米大統領の訪韓に反対する声明を発表。「4・19学生革命記念日」を前にして、金大中先生と民主人士たちに対する当局の軟禁策動を強く非難。

「金大中氏拉致事件は韓国公権力による犯行」であることを証明する米国務省の秘密文書の公表と関連し、在日民主八団体は五月一九日から三日間、日本の各政党と社会団体に対し、金大中先生の原状回復と事件の真相究明を求める活動への支援要請を展開。

六月一一日　救対委員長の鄭在俊と裵東湖韓民統常任顧問は外務省に園田外相を訪ね、「韓日両政府の政治結着を白紙化し、金大中先生の原状回復を実現する」よう求める要望書を手渡す。

救対委など在日民主八団体は二四日、東京渋谷・山手教会で集会を開き、金大中先生の原状回復を求め、カーター米大統領訪韓の反対を決議。

八月七日　救対委と韓民統は記者会見で声明を発表。金大中先生に不当な弾圧を加えている朴正煕政権を糾弾し、「政治結着」に執着する日本政府の態度を厳しく非難するとともに、金大中先生の原状回復を求める。翌々月、朴正煕は腹心のＫＣＩＡ部長に射殺されたのだった。

一〇月二七日　「10・26朴正煕射殺事件」と関連して救対委と韓民統は声明を発表。崔圭夏《チュエギュハ》政権は維新体制を即時撤廃し、日本政府は「政治結着」など韓日間の黒い癒着を清算するよう求める。

救対委と韓民統、韓青同、韓学同など在日民主団体は一一月二日、東京・山手教会で集会を開き、統一主体国民会議による大統領選挙に断固反対するとともに、崔圭夏大統領は維新体制の延長をやめて即時退くよう要求。

一二月八日　「緊急措置九号」の解除により、七日に政治犯の一部が釈放され、金大中先生に対する軟禁が解除されたことに関連し、救対委員長の鄭在俊は談話を発表。「反共法、国家保安法などに関連した政治犯および在日韓国人政治犯も即時釈放すべきだ」と主張。

◎一九八〇（昭和五五）年

二月二九日　崔圭夏政権の復権措置によって六八七人が公民権を回復、七年五カ月ぶりに政治舞台に復帰した金大中先生の公民権回復に関連して、救対委と韓民統は記者会見で声明を発表。復権を歓迎するとともに、日本政府に対して拉致事件の真相究明と金大中先生の原状回復措置を求める。

在日民主八団体は三月一日、全電通会館で「3・1節六一周年記念・維新体制完全一掃・民主化促進在日韓国人大会」を開催。救対委員長の鄭在俊は「金大中先生の復権は実現したが、まだ拉致事件の真相究明と原状回復の課題は残っている。真の民主化に向けて闘おう」と演説。集会後、都内をデモ行進。

三月二四日　金大中先生の政治活動の自由保障を確認した「金大中先生救出対策委員会」は、自らの任務が終了したと判断、この日解散する。

私（鄭在俊）はこの時点で、政治的な組織運動から退き、その間疎かにしてきた事業に専念するつもりだった。しかし一九八〇年五月一七日に全斗煥《チョンドゥファン》将軍など軍部の新勢力が非常戒厳令を布告してクーデターを起こし、戒厳令違反などの理由で金大中先生を逮捕。翌一八日に発生した光州事件に関連させる事態が起きたため、解散したばかりの救対委を実質的に復活。私はその任務から逃れることができなくなり、再び委員長に就任した。

五月一八日　救対委と韓民統、韓青同など民主団体は在日民主勢力を動員して軍部新勢力の暴圧に抗議する集会を開催。韓国大使館前までデモ行進し、激しく抗議活動を展開。

一八日から二七日までの光州市民大虐殺を糾弾する決起集会を六月一日、ＹＭＣＡで開催。全斗煥軍部勢力の打倒を叫びながら都内をデモ行進。

六月一〇日　六月一日から日本各地をむすぶキャラバン闘争を終え、東京・日本教育会館で「光州大虐殺糾弾・犠牲者追悼集会」を開き、記録映画「血の抗争の記録」を上映して全斗煥一派の蛮行を明らかにするとともに、金大中先生の生命の危機をうったえ、即時釈放を求めるビラを配布。

金大中先生の逮捕に抗議して七月二六日、東京・数寄屋橋公園で宣伝活動を展開するとともに、生命の危機を訴えるためにハンストに入る。

八月一日から民団東京本部の有志たちが金大中先生の釈放を求めてハンストに突入。全斗煥新軍部勢力の蛮行糾弾と金大中先生らの釈放要求活動は連日続く。

八月一五日　光復節三五周年記念日を迎え、在日民主団体は全電通会館で大会を開き、金大中先生の救出と全斗煥政権の打倒などを決議。終了後、都内をデモ行進。

韓民統（副議長・鄭在俊）は二七日に記者会見し、韓国の第一一代大統領に全斗煥が就任することになったことについて声明を発表。「全斗煥の大統領選出は茶番劇だ。武力で光州市民を虐殺して権力を奪い、自由と民主主義を圧殺した反逆者が大統領になることは、韓国民の悲劇であり不幸である。選挙は無効であり、全斗煥は許せない。全斗煥政権を認める日本政府の責任は重大である。対韓政策の是正を求める」と要求。

一方、金大中先生の救出運動を続けている作家の松本清張氏、映画監督の山本薩夫氏、俳優の宇野重吉氏、杉村春子氏ら日本の文学、映画、演劇界の二四人は二七日、全斗煥政権は金大中氏を即時釈放し、日本政府はそのために影響力を行使せよとの声明を発表した。

四七六人が署名し、代表三人が衆議院議員会館で記者会見して発表した同声明は、金大中氏への弾圧は「韓国民主主義の社会的基盤まで根こそぎ破壊することを狙ったもの」と非難、①全斗煥軍事政権は金大中氏などすべての政治犯を釈放せよ、②鈴木内閣は金大中氏拉致事件の政治決着を取り消し、同氏の即時原状回復を全斗煥政権に要求せよ、③カーター政権はあらゆる影響力を行使して金大中氏ら全政治犯を救出せよ、と訴えている。声明文は同日、総理府を通じて鈴木総理に提出され、カーター大統領には米大使館を通じて送られた。

九月一七日　韓国の軍法会議が金大中先生に対する軍事裁判（一審）で死刑判決を宣告したことに対し、韓民統は緊急記者会見を行ない、日本政府に①不当な政治決着の撤回、②金大中先生の生命の安全を確保するための実効性のある措置を早急に取ること、③全斗煥政権への支援を止めることなどを要求する声明を発表。

この記者会見と日本政府への抗議・要請行動はマスコミを通じて世界に広く伝えられ、大きな反響を呼び起こした。特に、ベルリン在住の尹伊桑《ユンイサン》・韓民連ヨーロッパ本部議長は西ドイツ政府に働きかけていたが、ゲンシャー外相は金大中先生に対する死刑判決の翌日、ＥＣ（ヨーロッパ共同体）の外相らに「韓国軍法会議が金大中氏に死刑判決を言い渡したことに共同で対処し、同時に死刑が執行できないよう各国が強い警告を通報すること」を提議した。

このような世論に押され、日米両政府も一八日、ワシントンで開いた伊東外相とマスキー国務長官の会談で、金大中氏の死刑宣告に憂慮を表明するに至った。

この日午後六時から東京・日比谷野外音楽堂で、「金大中氏救出日本連絡会議」の呼びかけによる「軍法会議を中止せよ！　金大中氏らを釈放せよ！　9・17国民大会」が開かれた。会場には飛鳥田一男社会党委員長、宇都宮徳馬参議院議員、田英夫社民連代表、槙枝元文総評議長、青地晨日韓連代表、裵東湖韓民統常任顧問、そして救対委員長の鄭在俊ら一万七〇〇〇余人が参加した。

また国鉄労働組合（国労）は全国の駅で抗議の汽笛を鳴らし、全日本港湾労働組合（全港湾）も金大中氏への死刑宣告に抗議して、すべての港湾で韓国船籍に対する貨物の積み下ろし作業を拒否した。日本の労働者がこのような抗議行動に一斉に立ち上がった例は、労働運動史上かつてなかったことである。

この「9・17国民大会」は日本人による金大中先生救出運動を日本全域に拡大する契機となり、以後、各地で労働者、政治家、学者、文化人、市民らによる各種の集会やデモが連続的に行なわれ、各家庭の居間で救出運動が話題になるなど、日本社会は金大中先生救出運動一色に包まれる雰囲気が続いた。

韓民統と日韓連は一〇月五日、東京・芝公園で「金大中氏救出国連要請団派遣・韓日全国集会」を開催し、集会後都内をデモ行進。この集会では、在日韓国民主団体の代表五人で国連要請団を構成、一〇〇万人の救命署名名簿を持参して国連人権委に派遣されることになっていたが、日本法務省が五人に対する再入国許可の発給を拒否したため出国できなかった。署名簿は佐々木秀典弁護士と伊藤成彦中央大教授に委託、両氏は一一月五日、国連に伝達した。

一一月三日に高等軍法会議（二審）が一審と同じく死刑判決を下したことに対し、韓日民衆は東京・清水谷公園で「金大中氏が危ない！　死刑判決糾弾！　国会請願11・8韓日連帯緊急集会」を開き、韓日両政府の金大中氏抹殺陰謀を糾弾。日本政府に対して①金大中氏の即時釈放の要求、②政治決着の撤回、③金大中氏の原状回復の実現を求める決議文を採択。この内容を盛り込んだ一一万人の請願書を携えて総理府まで請願デモ行進する。

日本の労組や市民団体などで構成する「金大中氏救出日本連絡会議」は一一月一三日、東京・日比谷野外音楽堂で「死刑判決抗議！　金大中氏を殺すな！　11・13国民大会」を開催し、六〇〇〇人の日本国民が参加した。

一二月五日　救対委と韓民統などは数寄屋橋公園で「金大中氏を殺すな！　死刑阻止決死ハンスト闘争」に無期限で突入。この日、日本連絡会議は「死刑阻止」の集会を開き、ハンスト団を激励訪問。韓民統と日韓連は二五日、共同で「金大中先生死刑阻止全国集会」を東京・日本教育会館で開催。

◎一九八一（昭和五六）年

一月二三日　韓国大法院（最高裁）が金大中先生に対する死刑確定の判決。全斗煥政権は直後の閣議で無期懲役に減刑し、身柄を清州《チョンジュ》刑務所に収監する。一連の死刑策動に対し、救対委、韓民統など在日民主勢力と日本市民は韓国大使館に激しい抗議デモを展開。国労などが全国で一斉に汽笛デモ。

同二四日　韓民統など在日民主団体が金大中先生の即時釈放を要求して集会とデモ。

八月八日　在日民主団体と日本の市民団体が共同で「金大中氏を救え！　8・8集会」を日比谷公会堂で開く。

◎一九八二（昭和五七）年

一月二二日　韓日民衆が「金大中氏不当判決一周年抗議1・22集会」を日本教育会館で開く。「韓日首脳会談反対・全斗煥の反統一策動糾弾関東集会」を二月二八日、YMCA会館で開催し、金大中先生の即時釈放などを要求。

四月三〇日　「韓日首脳・外相会談阻止、緊急署名運動集約韓日共同全国集会」を全電通ホールで開催し、三〇万人を超える署名簿を日本政府に提出。

一二月二三日　金大中先生に対する刑執行が停止され、家族とともに米国へ亡命。

韓国民主化闘争の意義

さて、年表風の回想は、金大中先生の米国亡命の時点をもってひと区切りとする。この間、事件の真相究明と金大中先生の身柄の安全を求めて、日本国内はもとより、世界中でどれほど多くの人々が声を上げたことだろう。勿論私自身、「救出対策委」の委員長として事件以来二、三年は寝食を忘れて運動の先頭に立った。そして日本各地の集会場を駆け回って、金大中先生の救出を訴える演説を続けた。この間の演説回数は優に一〇〇回を超えたと思う。いまここで、それらを再録すれば、それだけで一冊の分厚い本になってしまうであろう。それでここでは当時の韓民統の機関紙『民族時報』による報道を参考に、私が行なった演説の二、三を記しておくに留める。

第一は「拉致事件」発生から一週間後の一九七三年八月一五日、東京・日比谷公会堂で、拉致糾弾大会が開かれた際の演説だ。「8・15」といえば、日本人にとっては「終戦記念日」だが、私たち韓国人にとっては、日本の敗戦で三六年間続いた日本による屈辱的な植民地支配を脱した、最も喜ばしい解放記念日で、私たちは「光復節」と呼んで大切な祝祭日としてきた。しかもこの年はその二日前、韓民統日本本部を旗揚げしていた。「8・15大会」は私たちが結成する韓民統日本本部を内外にアピールする目的で、ずっと以前から日比谷公会堂を会場として確保していた。実際、会場正面には「韓国民主回復統一促進国民会議日本本部発足宣言大会」という横断幕が掲げられていた。だが会場は拉致事件直後とあって、朴政権に対する怒りで充満していた。私たちは第一部で韓民統発足を宣言した後、集会を「金大中先生拉致糾弾在日韓国人民衆大会」に切り替えた。会場正面、横断幕の下には韓国国旗と金大中先生の特大の写真が飾られ、その両側には「朴独裁を打倒して民主政権を樹立しよう！」「金大中先生を早く日本に原状回復せよ！」などのスローガンが下がった。この会場の定員は二〇七四人だが、そこに三〇〇〇人もの多数の同胞が来てくれたのだから、会場は文字通り立すいの余地がなかった。私は次のように訴えた。

《光復節二八周年を迎えるきょう、金大中先生拉致糾弾在日韓国人民衆大会に、反動勢力の妨害策動をはねのけて、祖国と民族愛を胸に抱いてこのように多数参加してくださった同胞の皆様に、心から感謝申し上げる。また遠く米国から来られた前国連大使林昌栄《イムチャンヨン》博士ご夫妻、韓国民主回復統一促進国民会議米国本部結成準備委員長の安炳国先生にも真摯なる謝意を捧げる。

本来ならきょう、民主化と統一の旗手である金大中先生をお迎えして、韓国民主回復統一促進国民会議日本本部発足宣言大会を開く予定になっていたが、残念ながらさる八日、朴正熙独裁政権の韓国中央情報部（ＫＣＩＡ）によって拉致された。この事件は滅亡の道に足を踏み入れた朴政権の最後のあがきであり、民主主義と正義に対する挑戦であり、反逆行為だ。朴政権は昨年一〇月一七日、非常事態を宣布して国会を解散し、憲法を停止し、すべての政治制度を自分のほしいままに変えて、野党はいかなる政治活動もできないよう縛りつけたうえ、国家統一を名分として完全な独裁体制を築いた。

そのような朴政権は国内においてだけでなく、海外に住む我々にまで魔手を伸ばし、自分たちに従わない者には旅券を取り上げるだけでなく、本国に居住する親戚を脅迫するなど、ありとあらゆる蛮行をほしいままにしている。このような極悪非道に従う者があるだろうか。良心ある者なら一人もいないだろう。

金大中先生は韓国の民主主義を回復し、祖国の平和統一を成し遂げるためには、まず朴正熙独裁政権を倒さなければならないと熱っぽく語り、これまでそのための運動を続けてこられた。さる七月六日には米国で韓民統米国本部の結成準備を終えて、七月一〇日に再来日された。そして八月四日に最後の打ち合わせを金大中、金載華、裵東湖、鄭在俊の四者協議で行ない、韓民統結成で合意を見た。

朴正熙は金大中先生を殺害しようと白昼拉致したが、先生を救出するための愛国同胞たちの果敢な闘争におそれをなして、暗殺をあきらめ、先生を自宅近くで目隠しをしたまま解放せざるを得なかった。このニュースは私たちを驚かせ、喜ばせた。金大中先生が生きておられることには、万感胸に迫るものがある。

金大中先生拉致事件に対し韓国政府や駐日韓国大使館、そしてそれらに追随する人士は、この事件を内部犯行説とか自作自演説にすり替えようと策動している。中央情報部の犯行であることは、既に万人が認めるところであるにもかかわらず、ＫＣＩＡは犯行が政府とは無関係の救国青年行動隊なる私的な組織によってなされたと言い触らした。このような蛮行は国家機関を背景とする巨大組織でなければ、東京のど真ん中で起こすことは不可能であり、また徹底した捜査網をくぐり抜けて、難なく韓国に上陸することができるだろうか。

これは言うまでもなく朴独裁政権の暴圧機関であるＫＣＩＡの仕業に間違いない。私たちは金大中先生がおられなくとも、韓国に民主主義を回復し、自主的平和統一を促進する偉業において、一時もひるむことなく、またいかなる困難に遭遇しようとも一歩も譲れない。一時も遅滞することができない。一歩の後退もならない。すべての愛国同胞はすべての力を振り絞って、この闘争に総決起しようではないか。》

次のは一九七六年八月一二日から三日間、東京・大手町のホールで開いた「韓国問題緊急国際会議」での演説だ。世界一六カ国から六六人の知識人や市民運動家らが東京に集まった。

《私は先ず、このような重要な韓国問題緊急国際会議を開いてくれた皆さんに心から敬意を表する。また私はきょう、世界的問題の焦点となっている韓国問題を討議するために、はるばる海外から参加された皆さんに心からお礼申し上げる。この三日間の討議を通じて、皆さんは韓国の平和と我が国の自主的統一について誠実で真摯な討議を行なった。平和と統一は我が民族の当然な権利であるがために、民族自らの手によって必ず闘い取らなければならない問題であると同時に、全世界の自由と平和を考えれば、皆さん自身の問題であるともいえる。特に人権問題は一民族や一国家に限られる問題ではなく、人間の基本的権利に属する問題として論議されなければならないし、また必ず尊重されなければならない。

私は金大中先生救出対策委員長として、金大中先生をはじめ現在、朴正熙ファッショ独裁政権の下で罪なき罪をこうむり、獄中で呻吟している全ての愛国的な民主人士の救出を皆さんに強く訴える。

金大中先生は七一年の大統領選挙当時、朴正熙一派の陰謀によって受けた交通事故によって、座骨神経痛を患い、挙動が不自由なうえ、長い獄中生活によって健康を大きく損ない、危険な状況に置かれている。韓国民主人士らは、民主化と祖国統一のためならば、鬼畜のようなＫＣＩＡの拷問や投獄、絞首刑などもいとわず、少しも動揺することなくひたすら闘いを続けている。

「３・１民主救国宣言」に署名したということだけで、著名な民主勢力の指導者らが獄につながれたにもかかわらず、九日には地方で「第二救国宣言」を発表し、韓国民衆の不屈の闘志を満天下に示した。このような事実が物語るのは、朴正熙ファッショ独裁による弾圧が強まれば強まるほど、韓国民衆の闘争の意志も強まり、最後の勝利を確信しながら、ひたすら果敢に闘っている民衆の姿である。

皆さん、この国際会議が討論だけに終わらず、この貴重な討論を実践に移して実を結ぶよう願ってやまない。私は皆さんの国で、韓国民衆と連帯する運動が起き、韓国民主化が一日も早く達成されるよう願いながら、私のアピールを終わります。》

さて第三の演説は、一九八一年の国際会議における、私の基調演説だ。前回の国際会議の時期以降も韓国情勢は激しく変化し続けていた。

一九七九年秋、軍事独裁者朴正熙大統領は側近中の側近である現職のＫＣＩＡ部長によって射殺された。しかし間もなく、今度は全斗煥中将がクーデタを起こして政権を簒奪。先の朴正熙政権に勝るとも劣らぬような民主化運動への弾圧を開始し、またもや金大中氏をはじめとする民主化運動家や文化人を逮捕・軟禁したのである。暴政に怒った全羅南道光州市の学生や民衆が抗議行動を起こすや、国民弾圧の好機到来とばかり、全土に戒厳令を敷いて大軍を投入し多数の光州市民を殺してしまった。金大中先生はソウル軍法会議、高等軍法会議でいずれも死刑判決を受け、翌八一年早々には大法院（最高裁）まで死刑確定の判決を下した。さすがにこの判決には米国政府などの圧力もあって、全斗煥政権は「無期」に減刑せざるを得なかったが、先生は清州刑務所に収監されてしまったのだ。日本だけでなく、世界中で抗議行動が続いた。

私たちは一九八一年五月一六日から三日間、東京・三宅坂の社会文化会館で「光州民衆闘争一周年記念・韓国民主化支援緊急世界大会」を開催した。大会には韓民統の裵東湖常任顧問、金載華議長、日本社会党の飛鳥田一夫委員長、評論家の青地晨氏、総評の槙枝元文議長、参院議員の宇都宮徳馬氏、田英夫氏、西独からルイゼ・リンゼー女史、米国からノーベル平和賞のジョージ・ウォルド・ハーバード大教授をはじめ、アジア・欧州・アフリカ・大洋州などの二七カ国、三国際機関代表を含め、一六〇〇人が参加してくれた。私は大会冒頭、以下のような基調報告を行なった。

《現代は民主民族の時代である。各民族は大国支配を離脱し、独立と自決を要求し、自由と平等のために勇敢に戦い、偉大な勝利と前進を勝ち取っている時代だ。今日人類が共有している民主と人権、自由と平等の諸原理は、何世紀にもわたる苦難に満ちた闘争を通じて獲得された。これは人類共同の貴重な宝であり、これを守ってゆくのは万民の神聖な権利であり義務である。私はこのような認識に立って、世界の中の韓国という視点から、危機に瀕している民主・平和・民族問題を、世界の趨勢にしたがって論議し、その正しい方向を示すことが、本大会の意味であると信ずる。

今日、韓国民主化運動で緊要なことは、運動の方向とその内容を正しく打ち立てる問題であると思う。明白なことは朴正煕殺害事件で表れたように、民主主義は独裁者一人を除去しても、また崔圭夏政権下で顕著に表れたとおり、偽善的な政権奪取では決して実現されないという事実だ。私は韓国の民主化とは政治社会状態を、一九六一年五月一六日以前に復帰させる問題だと考える。すなわち一人独裁体制を清算し、少なくとも「5・16」以前と同じような民主憲政秩序を樹立することだ。

一八年間にわたる朴正煕独裁統治と、崔圭夏「過渡」政権を含む全斗煥統治はすべて不当非合法な独裁政治である。一九六〇年「4・19学生革命」において、一二年間続いた李承晩独裁が倒され、韓国では初めて民主憲政が実現した。当時の張勉《チャンミョン》内閣は弱体政権だという非難は受けたが、国民の基本的な権利が保障され、政治活動の自由、祖国統一論議の自由は認められていた。革新政党の結成も許され、政治活動は活気に満ちていた。言論の自由が保障され、この時期に我々と志を同じくする在日韓国人民主運動家・趙鏞寿《チョウヨンス》氏が帰国して『民族日報』を創刊した。祖国統一運動も活発に展開された。革新政党が政策綱領の中に「祖国統一」を明示したのをはじめ、各党各派が中立化統一連盟、民族統一連盟、民族自主統一中央協議会、民族統一全国学生連盟を結成するなど、統一運動の母体が数多く出現し、統一機運は急速に高まった。米上院議員マンスフィールド氏（その後駐日大使）もオーストリア式中立化方式による統一案を提唱した。後日、朴正煕はクーデターを敢行した主な理由として当時の統一運動の高揚を挙げたが、朴正煕は韓国民主化・民族統一を阻止する目的でクーデターを起こし、軍事独裁体制を構築した。

それから早二〇年、年ごとに圧制は強化され、一人独裁体制が続いている。一九七七年四月に韓国民主勢力の総意を結集して発表された「民主救国憲章」は、次のように指摘している。
「維新体制の撤廃がない限り、緊急措置の一時的解除や、その他いろいろな姑息な宥和政策も国民の民族的熱望を満足させることはできないし、現在の難局を打開する助けにもならない」

維新体制打破のための闘争は日毎に拡大強化されて、全国民的運動へと発展していった。その頂点が一九七九年一〇月の釜山・馬山での民衆蜂起だった。このような反独裁民主化運動の高まりは支配体制内部に大きな矛盾と動揺をもたらし、遂に「10・26朴正煕射殺事件」に至った。

しかし維新体制最高責任者の除去はあくまでも「中間決算」であって、最後の勝利ではなかった。なぜなら独裁体制自体は存続しており、維新残党の蠢動は続いていた。維新残党の最右翼に属する全斗煥は、過去朴正煕が大統領の座を簒奪したのと同じ方法で政権の座に就き、「独裁体制」を再稼動させた。全斗煥は与党・民主正義党の創立大会で総裁に推挙され、大統領候補に指名された。

朴正煕は在任一八年間の間に三回のクーデターをほしいままにしたが、全斗煥は自分の権力を完全に掌握するまでのわずか一四カ月の間に、三回のクーデターを強行したのだった。すなわち（1）「12・12粛軍クーデター」、（2）「5・17戒厳令全国拡大措置」と国家保衛委員会の発足、および（3）崔圭夏大統領追放と改憲――である。特に光州大虐殺を組織したことは朴正煕をしのぐ暴政であり、前代未聞の独裁者と呼ばれる理由だ。そのような全斗煥は権力の座を死守するためなら、どんなに悪らつな手段をも躊躇しない人物であった。

全斗煥一派は今（一九八一）年二月の大統領選、三月の国会議員選挙があたかも自由な雰囲気の中で公正に実施されたかの如く宣伝し、自分たちの大勝利を鼓舞し、誇っている。しかしこれらの選挙はすべて虚偽と捏造以外の何物でもない。それゆえ私は、新憲法および選挙法など全斗煥がでっち上げたすべての法は無効であり、これらはすべて破棄して民主的な法秩序を新たに構築するべきだと主張する。

次に私は、韓国民主化運動の当面の目標は、韓国に強力な民主連合政権を樹立すべきことに置くべきだと思う。これは貴重な犠牲を払って李承晩独裁政権を打倒しながらも、強力な民主政権を維持し得なかったために、「5・16クーデター」によって新たな独裁者に政権を奪われ、また「10・26事態」以降、高まった民主化の流れの中でも民主政権を確立できなかったために、前代未聞の全斗煥独裁政権の出現を許してしまった苦い経験から得た貴重な教訓だ。

それでは軍事独裁政権を倒した後に樹立すべきなのは、どのような政権であろうか？　私たちが今までに知っている政権は資本家階級が主導する政権、労農政権、民主主義政権などがある。今日の韓国では、このような政権形態はすべて現実に合わない。なぜならば資本家階級政権の場合、韓国では買弁資本を代弁する政権を意味し、これは外勢依存となり結局独裁政権となる。労農政権は赤化政権であり、これも韓国の実情に合わないばかりか、民衆もこれを望んではいない。民主主義政権は民主革命後、これを継承して社会主義へ移行する形態であるので、これも韓国民衆からは赤化政権と受け取られ実情に合わない。

今日、韓国民主化運動が克服すべき課題は、ファッショ的軍事独裁を打倒して民主化を実現し、国民大衆の民主的諸権利を回復することだ。このような課題を解決する政権は、民主連合政権以外にはない。（中略）

最後に、我が民族の至上課題である統一問題について簡単に述べよう。今日、南北統一の障害となっているのは、独裁政権が真に統一意思を持っていないことである。過去、朴正煕政権は、統一問題は自分が議長を務める「統一主体国民会議」以外では扱えないようにし、金泳三《キムヨンサム》・新民党総裁が「北の最高責任者と会談を行なう用意がある」と表明するやこれを弾圧し、遂には国会議員資格を剥奪するという卑劣な行為を行なった。現在、全斗煥政権も平和統一を主張してきた金大中氏を重刑に処し、統一論議を一切禁じている。このような政権に統一を語る資格はない。

韓国で民主化が実現され、民主連合政権が樹立されれば、その政権は北側と対等な立場で対話をし、南北の各政党、各団体間において統一に関する対話も可能になるだろう。

我々海外の民主化運動勢力も、早くから南北連邦制による民族統一を主張してきた。南北は三六年の間に分断が固定化し、双方は自己の理念と制度を放棄しようとはしなかった。このような状況下では、南北双方が相手の理念と制度を容認し、民主主義を共通の価値として、統一方途を模索する以外に道はない。このような方途は南北連邦制によるものであろう。

韓国に民主化が実現し、民族統一が達成されれば、我が国は繁栄の時代を迎えるだろうし、アジア

と世界の平和にも寄与するものと確信する。》

救出運動を省みて

金大中先生救出運動の年表風概観およびその間に行なったいくつかの演説を読み返しながら、私は、さまざまな場面の、さまざまな表情の顔を、さまざまな叫びの声を、脳裏に浮かべる。

自画自賛のつもりは毛頭ないが、私たちの「金大中先生救出運動」は、概観が物語るように、金大中先生が拉致されたその瞬間から、一九八〇年一二月二九日に韓国政府の「復権措置」とともに公民権が回復されて七年五カ月ぶりに政治舞台に復帰するまで、実に多くの人々の参加を得、犠牲を払い、苦しい闘いを続け、内外の世論に影響を与え、計り知れない成果を得たと思っている。

ところが後でも触れるが、金大中先生の『わたしの自叙伝――日本へのメッセージ』（ＮＨＫ出版協会、一九九五年）で、先生が在日同胞の救出運動について一言も触れていないことに気づいた。もしかして私の見落としではないかと、あの六七一頁におよぶ分厚い立派な本を二度読み返してみた。

私たち在日同胞が民団東京本部や神奈川県本部、韓民統、在日韓国青年同盟、在日韓国学生同盟、婦人会東京本部などに集い、そして日本の市民団体の皆さんと協力しながら、長い年月にわたって苦しい弾圧に耐えながら闘争し、ついに金大中先生の生命を救出した事実には、一言も触れていない。

これでは私たち在日韓国人はともかくも、ともに闘ってくれた日本の方々に対し申し訳なく、残念でならない。

意識的にカットされたと思うのだが、なぜだろうか。

私たちのこの闘争がなかったなら、間違いなく金大中先生は抹殺されていたと私は思う。

ＫＣＩＡは金大中先生を抹殺するために捏造録音事件と拉致（殺人未遂）事件を強行したのである。

このことが頭の片隅から離れないとき、後述する、一九九八（平成一〇）年二月二五日に行なわれた大韓民国第一五代大統領就任式における「鄭在俊に対する仕打ち」は、私をびっくりさせるものであった。

「韓民統」結成と運動資金

民団の民主化・正常化は韓国の民主化なしにはあり得ない。韓国の民主化は朴正熙独裁政権が続く限り成就し得ない。民族の自主的平和統一も、韓国に民主政府が実現されないうちには絶対に達成することができない——。このように力説する金大中先生の「箱根演説」に共感し、先生と一緒に闘って独裁政権を打倒し民主政府を実現しよう、自主的・平和的方法で祖国の統一を成し遂げよう、私は日本各地の同志たちとこのように固く誓い合った。しかし、日本におけるその運動体になるはずの

「韓国民主回復統一促進国民会議」の結成準備の途上で、私たちは指導者の金大中先生が「行方不明」になるという事態に遭遇してしまったのだ。一九七三年八月一五日、日比谷公会堂で韓民統の結成宣言大会が開催されるはずであった。

その前に、金大中先生と私たち在日民主団体の代表らが、ともに新たな組織をつくる話をすすめる過程で、金大中先生が組織の性格や参加者に極めて慎重な態度を示していたことについて述べておきたい。

先にふれた箱根研修会のとき、メンバーの中には「きょう、この場で組織を作るべきだ」と発言する者もいた。それに対して金大中先生はさりげなく「このような意見を述べ合い、話を積み重ねながら、ことを進めてみましょう」と言って、その場を収めたのである。その後、特に記憶に残る場面は、一九七三年七月二五日の上野のタカラホテルでのことである、このときがもっとも重要な話を交わした会議であったが、中には箱根のときと同じように、「ここで組織の結成を宣言すべきだ」と結成を急ぐ発言も出た。このときも金大中先生は「組織を作るためには綱領などを討議し、きちんと決めなければならない。もう少し練りましょう」となだめる調子であった。ところが、この政治的色合いの濃い組織を作ることに熱心であった裵東湖氏は、在日民主勢力を網羅した運動体のリーダーとして金大中先生を推挙し、その下に私たちみんなが結束しよう、という意見を重ねて積極的に述べたため、既存組織とはいくらか距離を置きたい金大中先生は少し躊躇せざるを得ない様子であった。そして、金大中先生は「私は海外における組織のリーダーとして運動するのではなく、あくまで韓国の政治家である。その点を明確にさせておきたい。日本には今日ここに集まった組織が既にあることだから、この組織を拡大して反朴闘争を展開することが可能だし、意義あることだと思う。私をリーダーにしてさらに組織をつくることは、慎重に考える必要がある」と語った。

そこに集まった私たちは、金大中先生がアメリカで韓民統米国本部をつくって日本に戻ったからには、これから同じく日本本部をつくるのが当然であると思っていた。金大中先生は、アメリカには既存組織がないこと、韓国政府に対するアメリカの影響などを考慮して組織づくりを急ぐ必要があると判断したようだが、日本の場合は事情が違うと見ていた。

そこで私は、このままではまずいと思い、「とにかく今晩のところはここで結論を急がないで、日を改めて話し合うことにしよう」と言い、その場をまとめることにしたのである。

そのことが、金大中先生にとってはたいそう救いになったようだった。後日、金大中先生が友人に話したところによれば、「あの鄭在俊という人は非常に機転のきく人だ。あの場の空気を察して、あいうまとめ方をしたのは非常に賢明だった」と言ったそうである。

それから一〇日後の八月四日午後六時から、同じ上野のタカラホテルで韓民統結成に向けての話を詰める「四者会談」があり、綱領について原則的に合意した。その後、宣言文、政綱政策、組織、人事などについて八月一五日までに話を詰めるはずであったが、「8・8事件」に遭遇してしまうのである。

こうして不測の事態に直面して、私たちは「金大中先生の意思を受け継ぐ」名分で、八月一三日の夜、韓民統結成発起大会を行なったのをはじめ、一五日は「韓民統結成宣言大会」を行なって、その場で「金大中先生拉致糾弾在日韓国人民衆大会」に名称を切り替える形式をとることにしたのである。

この韓民統結成に参加した団体は民団東京本部、民団神奈川県本部、在日韓国青年同盟中央本部、大韓婦人会東京本部、民団自主守護委員会、民族統一協議会であり、また全国各地の有志も個人資格で参加したが、学生同盟は参加しなかった。

しかし、「金大中先生救出対策委員会」も「韓民統」も、事実上その構成員は全く同じ民団員であった。人は同じでも組織の性格が違うため、韓民統の事務所を新たに設けることになり、神田駿河台下にある仲幸ビルの四、五、六階を私の知人名義で賃借した。

事務所開きの日、在日同胞のほかに日本の与野党政治家、市民団体や活動家、報道陣など大勢（数百人）がつめかけたため、ビル所有者の稲垣さんはびっくりして顔色を変え、これは何ですか、すぐに出て行ってください、と言いながら私に詰め寄る始末であった。家主には、事前に在日韓国人の社会運動団体であることを説明すべきであったが、一般的に、政治色の強い組織に部屋を貸すのを家主は嫌うだろうという先入観から、そのへんを曖昧にしたのは事実である。私は稲垣さんに、私がこの団体の副議長である、決して騙したのではない、きょうは事務所開きであるため大勢の人がお祝いにかけつけてくれたが、普段は常勤の職員二〇人ほどが事務を執るだけです、いずれにしてもすべての責任は私が負います、御安心ください、と平身低頭して謝り、なんとかその場を収めたのである。以後、少しでも家主には迷惑や心配をかけないように極力努めてきた。

一方、韓日間の政治情勢にともなって救出運動や民主化闘争は活発になり、組織は拡大してゆく。その活動の費用、組織の運営・維持の費用は膨大に要求される。反面、賛助金や寄付金を出せる人々は、捏造録音事件以来、ＫＣＩＡの監視と脅迫に日々減り続け、その分私の負担は重過ぎるようになった。そのため、私は巣鴨駅前の地下二階、地上五階の「巣鴨センタービル」を一二億円で、また上福岡駅前の新築ビルを一〇億円で売却し、売却金の一部を民団東京本部や韓民統など組織の活動資金に充てたのである。

実は、「捏造録音事件」発生少し前から、私はゴルフ場開発を手がけ、山梨県内で土地の買収と開発認可交渉を進めていた。私は全力で組織運動に邁進している間、このゴルフ場建設とその他の事業はすべて他人に任せていたので、事業はうまく行かず、持っていた不動産をほとんど売却した。

「救対委」解散と私の辞任

私が東京で、多くの在日同胞の参加と支援・協力を原動力に、そして日本の市民団体、知識人、労働者、政治家、宗教家などと連帯しながら、金大中先生の原状回復と拉致事件の真相究明を進める一方、朴正熙独裁政権の打倒を叫び、朴政権と癒着し朴独裁を支えてわが祖国の分断持続を画策する米国や日本など外勢の干渉を糾弾して集会を開催し、デモ行進していたとき、金大中先生はソウルで、自宅軟禁の状況にいながらも、一九七六年三月一日には「民主救国宣言」に民主化闘争の同志一八人とともに署名し、これを「政府転覆の首謀者」とされて逮捕され、緊急措置九号違反の罪名で懲役五年の刑を受け、晋州刑務所に投獄された。また七七年一二月にはソウル大学病院内の特別監房に収監され、七八年一二月に仮釈放と同時に自宅軟禁。そして七九年一〇月二六日に中央情報部長・金載圭のピストルで朴正熙大統領が射殺されて緊急措置九号が解除され、金大中先生の自宅軟禁も解かれた。

さらに一九八〇年二月二九日、金大中先生は六八七人の民主化闘争の同志らとともに赦免され、公民権を回復したのである。

こうして、一九八〇年の「民主化の春」はすぐそこに来ていると誰もが信じていた。その直後に「光州事件」という五月の殺りくが祖国の山河を血で染めるとは、いったい誰が予測したことだろうか。

私は、朴正熙維新独裁が崩壊し、金大中先生の公民権が回復されたというニュースを聞いて、ソウルの空を眺めながら、自分が身を引く潮時が近づいたと考えた。

まだ金大中先生の原状回復と拉致事件の真相究明は未解決のままであるが、救対委の目的と私の使命は終わったと思い、同志のみんなと論議したうえで、一九八〇年三月二四日に「金大中先生救出対策委員会」を解散したのである。

そして、同時に組織的な運動の一線から退く考えを固めているころ、あの「光州事件」のニュースが私の胸を打ち叩いたのである。進退問題のはざまで躊躇しながら、朴正煕の次は全斗煥か、と嘆きつつ、なお運動に参加していた。

さらに軍事裁判が金大中先生に死刑判決を下したので、救命運動は急を要したのである。このような時こそ国際世論の力が必要である。日本の各界各層の良識的な人々が献身的な救命運動を展開しているのを見て、このとき私が退けば、韓国人の人間性がどう見られるだろうか、と考えざるを得なかった。

このとき、私にとって重大な問題が提起された。全斗煥支配下の軍事裁判で、金大中先生に死刑判決を下した最大の理由が「反国家団体である韓民統」の議長であることであった。金大中先生は以前から、韓民統の議長から自分の名前を下ろすように、と人を介してメッセージを送ってきていたが、韓民統では、金大中先生を議長から下ろすと韓民統は反国家団体を自ら認めることになるし、また金大中先生が韓民統の議長を下りても金大中先生の安全の保証はないので、そのまま維持していた。後に金大中先生を議長から下ろし、金載華氏を議長に選んだのである。

しかし、このようなことが金大中先生の境遇にどんな意味があっただろうか。緊迫した空気の中で迎えた一九八一年一月二三日、大法院（最高裁）は金大中先生にやはり死刑判決を下した。そして同時に全斗煥は金大中先生を無期懲役に減刑し、一九八二年三月二日には無期から懲役二〇年に減刑するという芝居を打ったのである。

私は、この時点で、これ以上の運動は私の財力が続かないと思い、この年の一一月に韓民統副議長職をはじめすべての組織活動から退き、事業に専念することを決断したのである。

李公使との会談と韓国訪問

そのころ、東京商銀の許弼奭理事長とはしばしば会談していた。許弼奭氏は私に、「もうそろそろ政治活動はやめて、ご自身の身辺のことも考えながら事業に精を出したほうがいいと思うがね、一度会ってお茶でも飲みましょうか」と呼びかけてくれた。彼とは、捏造録音事件の紛糾の間でも、そんな問題とはかかわりなく時たま会っていたが、会うたびに彼は私に忠告していたのである。

私が韓民統の組織から退き、一切の運動をやめる決意を固めたころ、許弼奭氏から、いまの李公使は話の分かる立派な紳士だから是非一度会ってみないか。私が責任を持って仲立ちするから、などと積極的に勧められた。そのころの心境から私も彼の勧めに応じ、ある日の昼、ホテル・オークラで三人は会った。軽いおしゃべりをした後、本題について意見を述べ合ったが、その時の話の要点をまとめると次のようなものであった。

《李公使の私に対する要求》

①今後、反政府運動は一切しない。

②決意表明の声明文を公表する。

③韓国を訪問する。

《鄭在俊の大使館と民団中央本部への要求》

Ⓐ民団東京本部団長の任期満了と同時に、次期選挙には立候補しない。

Ⓑ韓国政府は、韓民統が反国家団体でないことを認める。

Ⓒ民団中央は、係争中の除名・権利停止処分を撤回する。

Ⓓ声明文のようなものは出さない。

Ⓔ韓国には行かない。

以上の内容をめぐって話し合ったが、李公使は、Ⓑについては非常に困難である、Ⓒについては民団の権限なので大使館側から進言する、との意思表示をした。

しかし、いずれもその場で結論を出せる問題ではなかったので、合意に至ることなくその場は散会した。それから三日後、許弼奭理事長から私に電話があり、会いたいと言ってきたので私のほうから出向いて会った。許氏の話は、先日の公使の話の要点について詰めようという提案であった。しかし、内容に変わりがなかったので進展なしに別れた。

数日後、また許氏と私が二人で会うことになったが、そのとき彼が私に示した提案は次のようなものであった。

①とⒶについては、Ⓐ提案でよろしい。

②とⒹについては、Ⓓの通りでよい。

③とⒺについては、③の案に従って鄭在俊が訪韓するが、許弼奭氏が同行して責任を持つ。

Ⓑについては、現実不可能である。

Ⓒについては、大使館側ができるかぎり努力する。

私は、しばらく考えさせてくれと返事を保留し、その場は別れたが、このことについて誰かと相談することもできず、独りで思案に暮れた。結局、私は独りで決意を固め、一九八二年一一月一〇日に韓民統副議長の辞表を提出したのである。

その間、私が思案に暮れて苦しんだわけは、当時、金大中先生が死刑判決から無期懲役、懲役二〇年に減刑などの過程を経ながらも、まだ危険な状態で刑務所に収容されていたからである。

しかし、新軍部勢力の将来像は見えなかったが、私としては八〇年三月二四日に救対委の使命の終了を確認したので、私の命がけの運動もこれまでと決心した。

一九八二年一一月一九日、私は許弼奭氏と二人で渡韓し、先に来ていた民団東京本部議長の閔泳相氏と合流。五日間ソウルに滞在して、二四日に東京へ帰ってきた。

この五日間、韓国当局から何の話もなかった。私はロッテホテルに宿泊していたが、部屋は許弼奭理事長の名前で取り、左右の部屋はKCIAが陣取って、私が食事で外出のときには必ず彼らが尾行（護衛）していた。初めての外出のとき、彼ら（護衛官）は私に寄って来て「歩行中、鄭団長に声をかけて近づく者がいても、知らぬふりして立ち止まらず、さっさと歩いて下さい」と注意した。私が何故かと訪ねると、「団長はその者を知らなくても、その人はあなたを知っているかも知れない。その者が新聞記者だったりして、あなたたちの訪韓事実を新聞などに書き立てたら困るでしょう」というのである。こうして食事以外はどこにも外出せず、誰とも会わぬ五日間のソウル訪問であった。

ＫＣＩＡの監視付で宿泊し、市内の見物だけでＫＣＩＡ本部へも、どこへも行かず帰国したことは、何が目的だったかさっぱりわからなかった。今になってよく考えてみたら、許氏と東京のＫＣＩＡの間で打ち合わせ、私が韓国へ入国しただけで、ＫＣＩＡの面目が立ち、私が屈服したとの印象を与え、民団組織内でも不信を抱かせる計略であったと思う。

金大中大統領就任式に招待されて

一九九八年二月二五日、ついに金大中先生が大韓民国第一五代大統領に就任することになった。その道程は独裁政権との闘争の歴史であり、民主化運動と牢獄生活という苦行であった。金大中先生が一九九七年一二月一八日の選挙戦で勝利のニュースに接した時、私の喜びは如何ほどであったか、それを表現する言葉はない。

私と私のかつての同志たちは、ソウルで行なわれる予定の就任式に先立って二月二〇日の夕、東京・帝国ホテルの「光の間」で祝賀会を開催した。この席には、土井たか子、田英夫、河野洋平の各議員など、拉致事件以来、救援運動にかかわり親交を続けていた多くの人々が駆け付け、祝いの言葉や感慨を語り合った。かつての「金大中先生救出対策委員会」の委員長として、また当日の集いの主催者を代表して、私は過去の運動を顧みながら、ともに連帯して闘った韓日両国の人々に感謝の言葉を述べた。

そして、この日の祝賀会を意義あるものにするため、事務局から事前に金大中先生に連絡したところ、側近の趙淳昇《チョウスンスン》議員がはるばるソウルから会場に出席し、持参した金大中大統領当選者のメッセージを朗読してくれた。

これより先の二月一七日、元韓民統事務総長の趙活俊《チョウファルチュン》氏が突然私の会社に来て、二五日に行なわれる大統領就任式に私と家内が招待されているという報告とともに、訪韓に必要な書類と往復航空券二枚（ファーストクラス）を渡してくれた。そして彼は、先にソウルに行って待機するが、私が金浦空港に到着する時刻には空港に迎えに出てくれる、という話であった。

「金大中大統領」の栄光の就任式に参席する招待状を胸に、私は家内を伴ってわが祖国を訪問した。

一九九八年二月二四日午前九時、新宿発の成田エクスプレスに乗り、一〇時五九分に成田空港駅に着いた。家内と二人でうろうろしながらどうにか出国手続を済ませたとき、佐々木秀典さんと数人の同行者らに会った。佐々木さんはこのときは衆議院議員だったが、実は一九七一年の捏造録音事件発生直後から、民団東京本部の三人の弁護団のうちの一人であった。そして一九七三年八月八日の翌日、治安当局に金大中先生の身体確保要請手続を担当し、その後一貫して金大中氏救出運動と韓日民衆連帯運動に関わり「金大中氏拉致事件の解決を求める会」のメンバーであった。

一二時三〇分、成田空港発の飛行機に乗り、午後三時三〇分過ぎに金浦空港に到着した。入国手続を済ませて出口を出たところで、趙活俊さんが迎えに来ていた。タクシーで二時間ほど走り、指定された宿所であるソウルのプラザホテルに到着した。午後六時半よりホテル内の和食店で趙活俊さん夫妻といとこら六人で夕食を取り、八時過ぎに部屋に戻ってシャワーを浴びて寝た。

二五日の朝は五時に起床し、前夜買っておいたパンを食べて身支度を整え、ホテルを出発して集合場所の景福宮公園までタクシーで行った。そこで金鍾忠氏、AP通信の洪《ホン》氏夫妻らに会った。間もなく多くの人たちが集り、観光バスがどんどん到着した。人々は指定されたバスを探して乗り、しばらくしてバスは次々出発した。

私と家内が、私たちに指定されたバスに乗って待っているところへ、スラリと背の高い痩せ型の男が現れ、私と妻の名前を確認した。

私たちは「3―69」とフロントガラスに書かれたバスに乗り、左側運転席の後の席に座った。その時、私たち二人以外に四人が乗っていたが、先の男がこのバスに乗り、右側の一番前の席に持っていたカバンと荷物を置いて車から降りた。彼はそのバスの乗車口近くに立って、ほかの五、六人に乗るように指図していた。周囲のほかのバスには、乗る当人が番号を確認してどんどんと乗車し、バスガイドがお客を誘導していた。私の乗ったバスにはガイドもいない。おかしいなと思い始めた。しばらくすると、水色の制服を着た中背の男が現れ、先の痩せた男と何かを話している。その様子からみて、後から来た男が上司らしい。その間も、周囲のバスはお客をいっぱい乗せて会場に向ってどんどん出発しているのに、このバスはそれ以上の人も乗せずに、動こうともしない。その時私たちの運転手が、着ていたジャンパーを脱いでハンドルにかけてバスから降り、先の男のところに行って何かを話していたが、首を振りながらすぐに車の席に戻った、

このとき、私は思った。彼らは私をマークし、ほかの者と隔離している。しかし、後から私をどうするつもりだろうか。

公園内にあったバスが一台もなくなった後、後から来た男が立ち去り、最初に現われたあの男が乗車して、バスを出発させた。公園の出口に差しかかった所で、外国人らしい人たち六人が手を挙げるとバスは止まり、あの痩せ型の男が外国人らとしばらく問答した揚げ句、その人たちを乗せた。やがてバスは会場の北側の道路を走り、左の低地にある駐車場に入った。最後の到着だった。バスは北側

陸橋の北寄りの手前で駐車した。先の男は、私たちに、就任式が終了したらここに来て、このバス「3―69」に乗ってください。このバスは、この場所で待っているから、と指示して姿を消した。

バスから降りた私たち二人は歩き始めた。堤防を登り、道路の東側をしばらく歩いた、会場の入口らしき所まで来たが、前方は見渡す限り人間の海で、息が詰まるような混雑であった。それでも前に進もうと人混みの中を少し歩いて前を見たら、臨時のポリス・ボックスのようなものがあったが、人は誰もいなかった。その左側の道端にはパンフレットのような印刷物が投げ出されていた。右側の空地は人々が群れとなって腰かけていた。私と家内は群衆の中から少しずつ右の方に押され、舗装した道路にはみ出されてしまった。その左右もぎっしりと群衆で詰まっていて出口はなく、道路上にわずかの余地があったので、仕方なくそこに立って様子を見ることにした。演壇ははるか前方の左上にあるようだが、私が立っている所からは見えないし、とても近づく術もない。

そのうちに大統領就任式の開会を宣言するマイクの響きが聞こえた。そのころには、私たちが立っている通路も満員になっていた。そこへ警備員らしき者が来て、ここは通路です、立ち退いてください、と叫びながら押し出しにかかった。行く所がないじゃないか、と怒鳴る人がいたが、彼らは委細構わずひたすら押す。私と家内は道路より三〇センチほど高い段差のある内側に左足を、低い道路の端に右足を踏ん張り、金大中大統領の就任演説の響きを聞いた。

来賓の祝辞が終わる少し前に、私は泣き面している家内の顔を見てから、もう出ようかと言い、人々の海の波間を泳ぐように抜け出して、やっと駐車場までたどり着いた。仮設トイレで用をすませ、バスの止っている場所に行ったが、そこに「3—69」のバスはなかった。他のバスはそこに並んでいるのに、私たちが乗ってきた「3—69」だけはどこにも見当たらない。少し早いので周辺を見わたしながら歩き、またその場所に戻って来て見たが、やはりそのバスだけはない。そのうちに、他のバスはお客を乗せて帰るので、私たち夫婦はふうふう息をはきながら、慌てて趙活俊さんたちが乗っているバスを捜し、中から趙さんの声が聞こえたのでその車に乗った。全員が乗るまで待機しているときに、あの痩せ型の男が現れ、「このバスにうちのお客さん二人が乗っているでしょう」と言うので、私が「このバスで帰ります」と言うと、その男は消えてしまった。彼はずっと私たちを尾行し、挙動を監視していたようである。もし彼の言う通りに従って、他のバスが全部帰った後の駐車場に私たち二人だけが取り残されていたなら、あの男は何を企んでいたのだろうか。

朝にバスが出発した公園に着いたところで、金鍾忠さんが車を用意していたので一緒に乗り、招待された韓国式プルコギ（焼肉）店に行った。その店は、金大中大統領の奥さんの李姫鎬女史の弟さんが経営しているという。既に日本から来た新聞社の方々が数人いたので、彼らと合流して同じテーブルで食事をすることになった。他のテーブルには見知らぬ顔が大勢いた。そのあと、ホテルの部屋に戻って一休みしてから、三時三〇分から始まるレセプションの会場である世宗会館《セジョン》に、趙活俊氏夫妻と同行した。レセプションには海外から来た外国人や在外同胞などの招待客が多数来ていた。

四時二〇分ごろに金大中大統領が会場に入り、簡単なあいさつを述べた後、五時すぎに閉会した。そこからホテルまでは近いというので、皆で歩くことにした。横断歩道がない。階段を下り、地下道を長く歩いて、また階段を上る。朝からの立ちん坊に耐えて家内も私も足が棒になっているようだ。ホテルの部屋に入った瞬間、ベッドに横になり、そのまま休みたいところであったが、夕食時となった。夕食はホテル内にある中華料理に入ってそばを食べたが、極めてまずい。部屋に戻ってシャワーを浴び、故国のニュースでも見ようと思ってテレビをつけたところ、大統領就任式演壇に座っているマイケル・ジャクソンの顔がクローズアップで映る。私はテレビのスイッチを切り、ベッドに入った。

不可解な冷遇と追い討ち

ベッドに入ったけれど、なかなか眠れない。八一歳の老生にとって、きょう一日の「逆境」には実に疲れた。疲れたのに眠れない。きょうの出来事一つひとつが頭の中に思い浮かぶ。私にとってもっとも光栄であるはずのこの日が、実は私の生涯でもっとも惨めな、悲しみの日として老境の胸に残る日となるとは、想像だにし得なかった。

就任式場であの冷遇は、会場整理上の落度だったのだろうと、自らを納得させようと努めた。しかし、あのバスの男は何者だっただろうか。大統領就任式の招待客に対するあつかいとは到底思えない。

それにしても、金大中大統領自身の私に対するあの動作は何を意味するのだろうか。限られた顔ぶれが招待されたはずのレセプションに向かう通路に沿って、右側の一番前に私たち夫婦は立ち、皆と同じく通路に向って大統領の入場を待っていた。日本から来た佐々木秀典、清水澄子議員と新聞社の方々も私の左に並んでいた。

やがて金大中大統領御夫妻が会場の入口に到着し、ステージに向かって一直線の通路をゆっくり歩きながら、両側の人々と順次握手し会話を交わしていた。大統領が私の右側から私に近づいて来たので、私は右手を出し顔を向き合わせながら手を握った。そして一言、祝いの言葉を述べた。ところが大統領は何も語らず、私の顔を見た瞬間、顔を左に背け握った手を離して歩き出し、ステージに上がってしまった。私は、大統領のあいさつが終わるのを見とどけ、久しぶりにあった日本から来た方々と言葉を交わす気力も失い、その席から離れてホテルに戻ったのである。

私はベッドの中で考え続けた。あの瞬間、大統領の動作から感じた異様さは何だったのだろうか。それは、以前にも感じた覚えのある同じ異様さだった。

一九九五（平成七）年四月、東京のあるホテルで会ったときのことである。金大中先生が訪日した際に、拉致事件以来、初めて同席し対面したのである。あの時の対面も、握手も、会話も、金大中先生の私に対する全ての動作に、私は異様さを感じたのであった。今度も同じである。私たちの「金大中先生救出運動」の怒りと涙、犠牲、苦闘に対するこの「冷遇」はなぜだろうか。考えても、考えても不可解である。何かの重大な誤解があるのではないだろうか。あるとすれば、それはどういうことで、どうして生じたのだろうか。

就任式の翌日二月二六日の朝、私は五時に起床し、七時三〇分から趙淳昇議員を交えてのホテルでの朝食会に参加した。一二人ほどの人数だったと思う。心中、私は家内と一緒に一刻も早く韓国を離れたくなり、朝食代金として日本円の一〇万円を趙活俊さんに預け、趙淳昇議員には先に失礼すると一言声をかけてから、ホテルの前でタクシーに乗り飛行場に向った。

走る車中で、家内は涙ぐみ「韓国よ、サヨーナラ。私は二度と韓国には参りません」と言った。そして「でも、あなたが韓国に来ることに反対はしません」と付け加えた。

家内は、私と結婚してから今日まで私の事業活動を支え、私が関わる組織活動を理解し、集会などには欠かさず参加して、街頭デモには先頭に立った。私が朴正熙政権と闘うため日本の国外に出られず、家内も海外旅行などは断念していたが、口に出すことはなかった。それまでの忍耐が報われて、大統領になった金大中先生の招待を受けて韓国へ行くことになったときは、心から喜んだものである。ソウルに行ったらいろいろ美味しい料理を食べたいと言っていたとき、私はその度に済まないと頭を下げるのであった。

タクシーはやがて金浦空港に着き、出国手続を済ませ、搭乗ブリッジを通って機内に入ろうとしたところで、制服姿の二人のスチュワーデスの前に立っていた中肉中背のベージュ色の制服を着た紳士が、「こちらへ来なさい」と言って先に機内に入った。私は家内と一緒にその男について入った。その時、入口にいたスチュワーデスは何も言わずに緊張した表情で見ているだけであった。私は直感的に、またやって来たなと思い、彼の指示に従うことにしたが、彼は機内入口のすぐ左側の座席を指差し、「ここに座りなさい」と言うので、私たちはその席に座った。私たちが座るのを見届けて彼は去り、二度と現われることはなかった。

私たち二人のチケットは金大中大統領からの招待状と一緒に送られてきたもので、往復ともファーストクラスであった。しかし私たちは、これで無事に東京へ帰れるものなら、まあこの屈辱も我慢しようではないかと心を静め、離陸の時刻だけを待った。飛行機は一一時三〇分に出発し、機内食事が終わったころには間もなく成田空港に着陸するとの案内があり、やれやれ助かった、と安堵したのである。

午後二時一三分、空港駅発の成田エクスプレスに乗り、自宅についた時刻は四時一五分。雨がしとしとと降っていた。

私は、東京に戻ってからしばらくの後、偶然なきっかけで金大中著の『わたしの自叙伝』を読む機会があった。この本の書名には「日本へのメッセージ」というサブタイトルがついているが、在日韓国人の救出運動については一言も触れていない。ただ、この本を構成・翻訳した「ＮＨＫ取材班」の解説に、次のような部分があるだけである。

《三月二一日に在日韓国人の民主勢力の有力者として有名であった金載華氏（元在日韓国居留民団中央本部団長）と会談のあと、二二日に箱根の湯本で行なわれた民団の民主化運動活動家研修会に参加した。この研修会には金載華氏のほか民団東京本部団長の鄭在俊氏など有力者が出席していた。金大中氏は「海外同胞が団結して祖国の同胞のために民主回復の運動を闘おう」と演説し、満場の拍手喝采を浴びた。金大中氏はこの箱根の研修会の直後の三月五日、再度アメリカへ旅立った。》

この自叙伝は六七一頁にわたる長編であるが、金大中先生自らが在日韓国人の救出運動および私たちの存在に言及した部分は全くない。

そして、一九九五年四月に東京のホテルで会食をしたときも、大統領就任式後の海外同胞代表が集っているレセプションのあいさつでも、在日同胞への感謝のメッセージは一切なかった。

一九七三年三月二一日の箱根での研修会は民団東京本部が主催したものであり、その代表である私が開会の辞を述べたのである。その日の集まりを研修会と命名したのは形式で、実は金大中先生の話を聞くために、特定活動家だけを主催者が旅費を負担して動員した人々の集まりであった。金大中先生が提唱した「海外同胞が総団結して、祖国の同胞のために民主回復運動を行なおう」とした運動は、この日から実質的に始まったのである。その途上で「金大中氏拉致事件」が発生し、私たちの闘いは「金大中先生救出運動」として出発するが、それはすなわち韓国の民主回復運動であったのである。

この救出運動は一九七三年の「8・8」から始まり、一九八〇年三月二四日に救対委をいったん解散するが、実際は一九八〇年五月の光州事件が起きた時、一時解散した組織を同じ名前で再結成し、新たに全斗煥の魔手から金大中先生を救出する運動と拉致事件の解決を求める運動として続け、以後、金大中先生が亡命先のアメリカから無事帰国するまで続くのである。そのことが、金大中先生当人によって無視・黙殺されている。

私たちは、韓国の民主化と民族の自主的平和統一を、金大中先生の政治指導にかけて闘ったのである。その間、望みは叶うことなく多くの同志が世を去った。私は何度か命が狙われていることを自覚しながら、個人の事業はほとんど他人任せにしたまま運動に身を投じ、闘争の資金に私財をつぎ込んだのである。こうして私の経営基盤と経済活動はだんだんと窮地に追いやられ、事業は傾いてしまった。

そのようなことを悔やんでいるのではない。私たちのあの運動が正当に評価されてほしい。否、他のどのような人々が評価せず無視しても、金大中先生本人がそれを黙殺しているとは、道理に反するのではないか。

◉あとがき

私は八歳のときに日本に来て、この自叙伝を書き終えようとしているいま八八歳である。故郷の記憶も親戚の便りも遥かに遠のき、このまま一生を他郷暮らしで終わるだろう。

いまさら過ぎ去った日々を顧みても、嬉しかったことも悲しかったことも、すべては追憶の一場としてはかなく脳裏から消えてしまうものであろう。

しかし、脳裏から消え去らないのは、やはり私の子孫をはじめ在日同胞の将来の安泰と分断祖国の平和統一を祈願する一心である。

祖国の土地を踏む機会も、あの大統領就任式参加が最後になるだろう。栄光の帰国であったはずが、屈辱とおののきと悲しみの訪問であった。あの「冷遇と追い討ち」は誰の意思だったのか。あのときから身にしみて残る疑念と悲哀は、いまも私の胸の奥に沈んでいるのである。

その後、金大中大統領の側近が金大中大統領のネーム入りの金の腕時計を届けてくれた。そして青瓦台（大統領官邸）への招待計画を示したが、私はお断りした。

金大中先生との出会いは私の生涯に大きな転機をもたらし、それまでとは違う、民族と祖国への歴史的視野を広めてさせてくれた。そして、金大中先生は自らの理念と実践で韓国の民主化と祖国統一を達成するという強い意思を貫き、そのために独裁権力の弾圧に苦しみながらも艱難辛苦を乗り越え、七転び八起きの末、ついに大韓民国の大統領となったのである。二〇〇〇年六月にはピョンヤンを自ら訪問し、祖国分断以来初めての南北首脳会談を実現して全民族念願の祖国統一への道を切り開き、その道をさらに平坦に広げるために多くの犠牲を払い続けている。

しかし、それにもかかわらず、あえて私は苦言を呈する。朴正煕維新残党である金鍾泌勢力と結託したことは許せない。議会政治の現実的力学から、少数与党の宿命であると理解する理屈もあろうが、老子の大道思想を引用するまでもなく、それはやはり浅はかな打算的小細工であり、邪道である。金大中先生は、長い民主化闘争歴程における自らの政治理念を、一時の打算的小細工で汚したのである。民主化闘争の途上で闘争した者として悲哀を感ずる。

私が東京で、金大中先生の韓国における政治活動の自由を確保するため、朴正煕維新独裁打倒をスローガンにかかげて闘っているころ、同郷出身の在日同胞で、詐欺師であった権某という男が私を訪ねてきて、次のように話をした。「あなたが韓国へ来る機会があっても、故郷には来ないように、あなたの従兄や親戚らから伝えてくれるように頼まれました。あなたが入国すれば、当局はあなたを逮捕するでしょう。あなたがあの人たちと親戚であることが判明し、往来があるとわかったら、親戚らにどんな災難が襲いかかるか知れません。だから故郷には来ないで、連絡もしないように伝えて、と言われました」というものであった。

しかし、朴正熙独裁者が自滅し、幾度か政権が変わって、金大中大統領就任式に招待されて訪韓したのに、私たち夫婦に対する祖国の、あの仕打ちをどう理解すればいいのだろうか。

あの伝言以来、すでに私は故郷も親戚も失い、ただ韓国の民主化と祖国の統一のために闘う同志のみがわが世であったはずである。私は都下二二支部の有志をはじめ日本各地の民団民主人士と韓青同の青年ら、実に多くの同志に恵まれた。私が多くの困難に直面しながらも志を曲げずに闘ってこられたのは、同志の支援と励ましのおかげだと思っている。なかでも金載華氏、裵東湖氏、郭東儀氏の三人は運動期間中、私を指導し補佐してくれた同志であり、生涯忘れることのできない方々である。

金載華氏は解放直後から民団創設の中心メンバーとして働き、中央本部団長を八期にわたって歴任するなど、民団の最高功労者である。同氏は朴正熙独裁政権の弾圧を受けながらも韓国国会議員に当選し、民族のため、国家のために尽そうとした矢先の「10月維新」で議員資格を奪われてしまった。その後、金載華氏は裵東湖氏や私どもといっしょに、金大中先生と韓民統結成について協議するのだが、はるか年下の金大中先生の下で韓民統副議長のなられることを決意された。ずいぶん考えられての決断であったと思うが、民主主義に対する信念と祖国を愛する心、同胞を想う心の深さと広さに、ただ頭の下がる思いである。

　裵東湖氏も民団中央本部の議長や事務総長を歴任されたきっ粋の民団員である。裵東湖氏は「韓国通信」を発行しながら韓国の民主化と祖国統一を主張するジャーナリストとして活動し、朴正煕の「5・16クーデター」の後は民団民主化の先頭に立った。裵東湖氏は、朴正煕独裁政権の強権政治に対する厳しい批判と民主化・祖国統一についての高い見識で民主勢力を指導する理論家であり、その考え方を著した「愛国論」は民主化闘争の必読書となった。

　郭東儀氏は正義感がきわめて強く、運動の理論と実践力を兼ね備えた人士だ。民団中央本部の組織次長を歴任した郭東儀氏は、御用団体の大韓青年団を民主団体の在日韓国青年同盟に改革して、初代委員長となり、「5・16クーデター」に在日同胞として最初に反対するなど、若くして韓国民主化、民団民主化に取り組んだのである。

　郭東儀氏は「捏造録音事件」に対しては激しく金在権公使を批判し、金大中先生拉致事件では間髪を入れずに「KCIAの犯行」と断定して、救命のための措置を打つなど、目覚ましい活躍をされた。郭東儀氏は長い間、民団民主化、韓国民主化、金大中先生救出委員会事務局長として多くの助言と支援をしてくれた。

　苦しくも希望に満ちた金載華氏と裵東湖氏は、残念ながら民主化の結実を見ないまま一九八〇年代後半に相次いで亡くなられた。しかしその功績は在日同胞史、いや韓国民主化闘争史に永遠に記憶されるであろう。韓統連議長を十数年も務めた郭東儀氏は現在、祖国統一運動になくてはならない人物として、南北を舞台に活躍している。三人の同志の意志を継いだ後輩たちが韓民統を受け継ぎながら、民主化・統一の完成に向ってはばたいていることを誇りに思うものである。

それだけに、あの金大中大統領就任式参加のための訪韓が、栄光ではなく、屈辱とおののきと悲しみの訪韓であったことは、私に祖国再訪への断念をもたらしたのである。限りなく寂しい思いだけが今、私の胸を満たしている。

最後になったが、本書が世に出ることができたのはひとえに現代人文社の成澤壽信社長と編集部の努力のおかげである。あらためて感謝の意を表します。

二〇〇六年一月

鄭在俊

【解説】
「金大中救出対策委」委員長の闘争記録

長沼節夫（ジャーナリスト）

今でこそ一見、好々爺の鄭在俊だが、実は波乱万丈の人生を送ってきたことが、本書を一読すればよく分かる。

朝鮮がまだ日本の植民地にされていた幼年時代、母親に手を引かれて山梨県の山奥の工事現場に出稼ぎに来ていた父親を訪ねてやって来た。貧しい中で刻苦勉励。父親の仕事を継いで建設作業の親方から身を起こした。祖国の解放後も帰国の道を選ばず日本に残って次々に企業を起こし、やがてかなりの財をなすに至った。しかしここまでならいわゆる立志伝中の人物の成功譚。まあ「よくある話」である。だが、鄭在俊はここからが違う。

◎ＫＣＩＡとの闘い

彼の後半生を激動の中に投げ込んだものは何か。たった一言で言えば、それは韓国中央情報部、いわゆるＫＣＩＡとの闘いであろう。ＫＣＩＡと言えば、年配の方なら「ああ、韓国のあの泣く子も黙る恐怖の国家組織でしょう」と分かるが、最近の若者には知らない向きもあるようなので、少しばかり説明を要する。それは朴正熙陸軍少将が一九六〇年、クーデターで文民政権を倒し、政権を奪取した直後に創設した秘密情報機関だが、共産主義活動の監視は表向きの看板であって、実態は朴政権に対する批判を徹底弾圧するための暴力装置であった。

私は一九六〇年代後半から大学新聞の取材で何度か訪韓取材したが、町には「怪しい人を見つけたら直ぐに申告しよう」という政府のキャンペーンが至る所に張り出されていた。「流言蜚語の罪」というのがあって、事実私の友人も、酒場で友人に、「北（朝鮮）の農業はかなりのレベルらしい」と雑談したのをウエートレスが小耳に挟んで警察に申告したので捕まった。別の友人は農協で営農資金の融資を受けてバスで帰る途中、車掌から「大金を持った農民が乗っている。切符を売る時、その人のカバンの中が見えた」という申告を受けた警官が乗り込んできて、警察に連行された。しかもこれら密告制度の理不尽ぶりを批判すれば、直ぐに捕まってしまうのだ。私の取材に応じた友人らも、質問するとまず辺りを見回し、安全を確認してから小声で話した。微妙な話は筆談にして、しかもそのメモは片っ端からボールペンで消していった。当時、そんな有り様を、「韓国はきっとボールペン・インクの世界最大の消費国ですよ」と言って笑い合ったものだ。友人は、「そしてこんな冗談を言い合ったことも、妻には言いません。いつかＫＣＩＡに捕まったときに拷問され、そう言えば夫はある日、こんな取材に応じていたなどと、言ったらお互い悲惨ですから」とも。このように家庭内での雑談にまで気を配らなければならなかったのだ。

私が金大中と知りあったのも、そんな取材の日々の中だった。一九七一年四月、四五歳の彼は野党新民党で長老たちを抑えて大統領候補となっていた。ソウルの国民学校（小学校）の運動場会場である日曜日に行なわれた演説会場は、凄い熱気に包まれていた。

「朴正熙大統領は野党の演説会場に一番小さな運動場を持つ学校しか許可しなかった」「公務員は急きょ日曜出勤が命じられた。野党候補の演説を聞かせないためだ」という噂が飛び交っていた。

間もなく歓声が上がり、その中を一団の人垣が入場した。「あの真ん中が金大中だ」と案内の友人が教えてくれた。前座の演説が続く間に、金大中のところに行って、「日本から来た学生です。あなたの演説をテープに入れたい」と言うと、「私は日本語で話すのは数十年ぶりですが分かりますか」と言い、私が「立派な日本語です」と返事するとにっこり笑った。そして私のカセットレコーダーを指して、「これが最近出来たという新型録音機ですか。韓国ではまだ売っていません。私が登壇するときに、これを持って上がって自分で録音してきて、返しますよ。ここところを同時に押せばいいんですね」と気さくに引き受けてくれた。

演説では、自分が当選したら①北朝鮮とまず通信の自由を実現し、段階的な南北統一を目指す。②

ＫＣＩＡを廃止する。③郷土予備軍を廃止する——などと約束し、満場の拍手を得ていた。しかしＫＣＩＡが完全にマスコミを押さえ込んでいる韓国で、これらが報道されるはずもなかった。私が帰国後、ペンネームで雑誌『エコノミスト』（毎日新聞社発行）に紹介した演説内容は、当時の様子を書き残した貴重な文献として、後に、『全報告金大中事件』（金大中氏拉致事件真相調査委員会編、一九八七年、ほるぷ出版）にも引用されているが、次のようなものだった。

「この国は完全無欠な独裁国家だ。徹頭徹尾ＫＣＩＡの掌握下にある。新聞は普通新聞記者が作るが、この国ではＫＣＩＡが作っている。嘘だと思うならこの四年間の新聞を見てみなさい。朴大統領やＫＣＩＡを批判した記事が一行でも載ったか。政府批判をしない新聞が、果たして新聞と言えようか。ＫＣＩＡは新聞だけでなく、テレビ・ラジオ・週刊誌・雑誌・宣伝広告にまで干渉し、ありとあらゆる報道機関を掌握している。さらにＫＣＩＡは学園の中に入り込んで、教授と学生の間に不信感を植え付け、文化人や学者を恐怖のどん底に追い込み、自由にものを書かせない。政党政治を否定し、野党に分裂騒ぎを起こさせ、野党を与党共和党のちょうちん持ちにさせ、そうした世論を作る。干渉は野党にとどまらない。与党内でも朴正煕氏に忠誠を誓わない者を発言できないようにさせる。前回総選挙の時、朴氏に反旗を翻した代議員に対してはＫＣＩＡ地下室に連行し、棍棒で殴り、足蹴にするなど、蛮行の限りを尽くした。しかし新聞はこれを一行も報じない。今や中央情報部にできないことは、男を女に変え、女を男に変えることだけだ……」。

金大中が指摘したように、当時の韓国においてKCIAは万能の力を発揮していたが、誰もそのことを公然と批判することはできなかった。金大中はしかし、あえて「虎の尾を踏んだ」のだ。流石の韓国政府もしかし、大統領候補の演説を理由に彼を逮捕・拷問にかけるわけにはいかなかった。替わりに抹殺に掛かった。KCIAは大統領選では大規模な不正開票で朴正熙を勝利させたといわれるが、翌月行なわれた国会議員選挙では、地方遊説中の金大中の乗った車に正体不明のトラックが正面から突っ込み、巻きぞえで数人が死亡した。金大中はかろうじて死亡を免れたが大腿骨骨折と股関節損傷で瀕死の重傷を負った。しかしこの事件の真相は今日に至るも依然として謎のままだ。

身の危険を感じた金大中は、けがの完治とリハビリを目的に一九七一年日本に渡った。その間に朴正熙は戒厳令（いわゆる維新体制）を布告して議会を封鎖、政敵金大中の帰国の道を事実上閉ざしてしまった。金大中は仕方なく、日米を往復しながら両国の政治家に、韓国民主化への支援を訴える政治行脚を繰り返していた。前年の大統領選取材で知りあった金大中は来日後、当時通信社記者となったばかりの私に、しばしば電話や手紙や米国土産などをくれて、また会うたび、韓国情勢を熱っぽく語った。本書の著者鄭在俊が金大中と出会ったのも、正にこの時期に当たる。

鄭在俊と金大中との関係は本書の中に詳しく書かれているので繰り返さないが、実は鄭在俊自身も一九七一年韓国大統領選挙と同じ時期、日本国内でKCIAとの熾烈な闘いを強いられていた。きっかけは同年三月、在日韓国人最大の団体民団の中央本部幹部会に、駐日韓国大使館公使の金在権が出席し、民団民主化を主張する団長候補を名指しし、「同候補を支持する幹部に反国家的言動がある。同人が朝鮮総連幹部と密談した録音テープを持っている」と爆弾発言を行なったことだった。金在権はKCIA幹部で、これから二年後発生した「金大中拉致事件」では、拉致現場で総指揮を執った人物とされるが、七一年のこの時期、金在権のターゲットは民団内民主派の指導者だった裵東湖であり、裵を公然と支持する鄭在俊だった。裵は韓国内の朴独裁体制を鋭く批判して金大中支持を表明、大使館員として来日しているKCIA要員からしばしば警告を受けていたが、妥協しなかった。KCIAに牛耳られている民団中央本部は「捏造録音事件」を創作すると同時に、「反共法違反容疑」でソウルのKCIA本部への出頭命令を裵に送り付けてきた。相手は「泣く子も黙る」KCIAである。大方の韓国人だったら遂に音を上げて、降参するところだが、裵は違った。彼は駐日大使館を通じて出頭拒否の姿勢を伝えるとともに、都内で堂々記者会見して「捏造録音事件」を機にKCIAから出頭命令を受けた事実を公然化するとともに、世論に保護を訴えた。これら一連の事件の中で、終始一貫裵東湖の民団改革派(民主化路線)に連帯を表明し、彼を守る側に立ったのが本書の著者鄭在俊民団東京本部団長(当時)だった。ほかに在日のまま本国の国会議員(全国区)となっていた金載華や、一九六〇年に韓国青年同盟(韓青同)を創設して初代委員長を務めた郭東儀らも改革派として裵東湖を守る側に立った。民団中央本部はKCIAの後ろ盾を得て、鄭在俊らを権利停止処分にしたり、彼が指導する同東京本部を直轄処分とした。実際に一時期、中央本部がならず者を使って実力占拠も試みた。「捏造録音事件」というのは以上の一連の事件を含むが、事件の推移がまとまった形で日本人に提示されるのは、本書が初めてであり、その出版の意義は大きい。私にはこの「捏造録音事件」が、その後の「金大中事件」の前触れだったように見える。

◎鄭在俊と金大中との出会い

著者鄭在俊とその同志らが来日中の金大中に出会ったのは、この「捏造録音事件」がまだ、東京を舞台にくすぶっている時期だった。東京・文京区内で同じビルに入居している民団東京本部と韓青同はしばしば研修会を兼ねた一泊旅行を実施していたが、一九七二年二月に長野県白樺湖畔で行なわれた冬季講習会に講師として招かれたのが、たまたまけがの治療のために来日していた金大中だった。著者は東京から金大中を案内し、研修会で主催者を代表して歓迎の辞を述べ、金大中の話を聞き、同室のよしみで一晩中語り明かすうち、急速に親交を深めた。

翌七三年、民団東京本部が箱根湯本で活動家研修会を開催したときも、講師に金大中が招かれた。ここでの研修会で金大中は「朴正煕独裁が続く限り、韓国の民主化も民団の民主化もあり得ないと」熱弁を振るった。そして金大中は間もなく渡米して七月、韓民統米国本部を旗揚げした。同月末、米国から日本へ戻った金大中を待っていたのは、「次は是非、日本本部を」という在日韓国人支持者らの熱い思いだった。八月四日、金大中、金載華、裵東湖、鄭在俊は四者会談し、「韓国民主回復統一促進国民会議（韓民統）日本本部」（八九年に在日韓国民主統一連合＝韓統連に改称）の結成で合意を見たという。しかしその直後の「金大中拉致事件」発生である。事件翌日には「金大中先生救出対策委員会」が発足し、著者はその委員長に就任した。「韓民統日本本部」は既定方針どおり金大中を議長に推戴し、八月一五日、発足した。本書で著者鄭在俊は同事件発生の前後と金大中救出運動の展開と経緯を詳しく書いているので、ここでは繰り返さない。

拉致事件や度重なる自宅軟禁と逮捕・投獄。果ては死刑判決・米国亡命の日々と、二〇年近くの長きにわたって過酷なまでに抑圧され続けた金大中。その金を韓国外にあって変わることなく金の救済に最も力を尽くしたのが、韓民統の面々であり、同会を基盤とした救対委（金大中先生救出対策委員会）であったことは、日本ではよく知られている事実である。しかし、これらの団体は韓国が金大中政権時代（一九九八～二〇〇三年）を迎えてもなお、同政府から大変に冷遇されていたことは誠に不可解な出来事であった。この冷遇と、金大中大統領就任式に出かけ、著者がお祝いの握手をしようと手を差し出した時、金大中に感じた「冷たさ」とは、決して無関係ではあるまい。

朝鮮半島の南北の雪解けは両国首脳会談に始まる。二〇〇〇年六月、金大中大統領（当時）は劇的な「北」訪問を実現させた。そして「南」の同大統領と「北」の金正一両首脳が固く抱きあう光景が、世界中の新聞の一面トップを独占したのである。「雪解け」を契機に韓国政府は日本の総連（在日本朝鮮人総連合会）メンバーの韓国入りを受け入れるまでになったのだった。ノーベル委員会は一〇月、この年のノーベル平和賞を金大中に贈ると発表し、彼の偉業をたたえた。

◎真相究明委の発足

韓国では朴正熙、全斗煥、盧泰愚と三代続いた軍人大統領の下で、民主化の声は徹底弾圧されるか、極力抑えられた。それは文民政権の体裁ができた金泳三政権（一九九三～九七年）になっても、大きな改善とならなかった。依然軍政の影を引いたこのような異常事態を正そうという動きは「金大中時代後期」を迎えた時期、韓国内でも漸く高まった。まず韓国内では二〇〇〇年八月、「民主化運動関連者の名誉回復および補償審議委員会」が発足し、過去に民主化運動を行った理由で有罪とされるなど、不名誉な取り扱いを受けた人々について、当人らの申告を受けて審査を開始した。次いで同年、「大統領直属疑問死真相究明委員会」（疑問死委）が発足した。韓国では朴正熙・全斗煥・盧泰愚と三人が行なった軍人政権時代、多くの謎に満ちた事件で逮捕・投獄・拷問される事件が相次いだ。かつて一九八〇年代の不遇な時代、ソウルの自宅を再三訪ねた私に金大中は、「我が国の現代史は誠に謎に満ちている。あなたの金大中事件究明への努力には心から感謝するが、金大中事件は韓国現代史のほんの一例に過ぎないことも忘れないで欲しい」と語った。疑問死の下手人はＫＣＩＡばかりではない。警察組織も軍隊組織も手を汚している。そもそも「疑問死委」が発足に漕ぎ着けたのには、軍隊内で息子が不審死を遂げたという母親達が真相調査を要求して四〇〇日余りも国会前に坐り込んだことが大きい。子を思う母の心が国会を動かしたともいえるのだ。事実、「息子さんは軍隊内で自殺した」という連絡を受けた家族が「疑問死委」で調査してもらうと、「軍隊の緑化作戦」という実態が浮かび上がってきた。これは「アカ（共産主義）にかぶれた学生」を軍隊内で緑に変えるという作戦だ。「緑化作戦」でリンチされ、殺された学生が多数いたということだ。

このように金大中政権は過去の軍政時代に民主化運動をしたがために弾圧された人々を名誉回復して、ねぎらう作業を始めた。しかし韓統連（旧韓民統）は放っておかれた。「これは変だぞ」という声は韓国内でも上がった。

前記の二つの真相究明作業が始まって間もなく、韓国の進歩的月刊誌『マル』二〇〇〇年一〇月号が「日本現地取材——韓統連の真実『独裁政権は去っても、反国家団体の足かせは今もなお』」および「郭東儀・韓統連議長への単独インタビュー『我々を放置することは義理の上からもあってはならない』」を掲載した。『マル』による長文のルポおよびインタビューを訳載した韓統連機関紙『民族時報』によれば、韓国のマスコミが韓統連を直接取材したのは、これが初めてだという。まず同ルポの概要は次のとおりだ。

《三〇年近くも韓統連（前身は韓民統）はタブーの対象だった。朴正熙政権は維新独裁打倒運動を展開した韓民統を「総連から資金を貰って親北活動をしている」と決めつけ七八年、「反国家団体」と規定。彼らと連絡を取り合っても話しても「国家保安法」の通信罪が適用され有罪とされた。勿論、韓統連関係者は「入国不許可」だ。金大中政権になってもこれが変わらないため、韓統連ではかえって取材に来た記者の身を案じてくれたほどだ。一九六〇~七〇年代、朴正熙政権支持か糾弾かで民団は内部対立。改革派は親朴の民団指導部から排除され、金大中を議長として韓民統を作り、以来、本国政府からも民団からも徹底排斥された。軍事政権を克服したというが金大中現政権も韓統連に関しては軍事政権の認識を超えていない。特に金大中の「沈黙」に批判の声が強い。韓統連が祖国を訪問するには「反政府人士」として「反省文」が求められる。金恩澤副議長は反問する。「一体何を反省するのか。朴・全斗煥・盧泰愚と闘ったことか。我々の名誉は回復されるべきだ」と。》

　次いで郭東儀インタビューの概要は次のとおりだ。

《日本での取材二日目の九月九日、韓統連にインタビューに訪れると郭秀鎬『民族時報』副主筆が「朝鮮総連、初の訪韓団」という前日の新聞記事を見せてくれ、「我々も本国に入れてくれと韓国領事館に申し入れたが答えはノーだった」と語った。インタビューはこの問題から始まった。郭東儀は「我々も反国家団体という束縛から解き放たれ、故郷訪問のできる日が来ることを確信している。」「金大中氏が一九八〇年、内乱陰謀罪に問われた容疑は『反国家団体の首かい』だった。その団体とは韓民統だ。我々は金氏の救命運動に全力を傾けた。だが金大中氏は韓民統問題で沈黙を続けている。大統領当選後に訪日した際、救命運動に積極参加した日本人を招待したが、韓民統は徹底排除された。金氏は我々の問題を解決するべきだ」「一九七八年裁判で韓民統を反国家団体と判決した事件も、一九七一年民団団長選挙で我々を除名する理由とした事件（いわゆる捏造録音事件）も、ＫＣＩＡが捏造した事件だった」などと語った。数十年間ひたすら韓国の民主化を渇望してきた郭東儀に、韓国は依然として「反国家団体の首かい」というレッテルをはっている。軍事独裁に反対して闘った本国の闘士らは、今はすべて名誉回復されて長官や国会議員として活躍しているのに、韓国籍の彼に韓国はいつまで島流しのような生活を要求するのか。》

一方、この『マル』誌の記事が出てから間もない二〇〇〇年一〇月二日、「民主化のための弁護士の集い」（民弁）の弁護士や社会運動家ら一〇数人がソウルで会合し、韓統連の名誉回復を進める会の発足に向けて、話し合いが行なわれた。この準備会の様子を今度も前記『マル』誌一一月号が報告したと、二〇〇〇年一一月一日付「民族時報」が訳載している。それによると、準備会を提案した民弁の李基旭弁護士は、

「金大中氏が七三年当時、韓民統と同志的関係にあったことは広く知られている。しかし東橋洞系（注＝金大中の自宅がソウル市麻浦区東橋洞にあることから金大中派の代名詞ともなる）をはじめ与党議員の大部分は『韓統連問題は大統領が判断する問題だ』として逃げてばかりだ。結局、韓統連の名誉回復と故国訪問の許可を要求する社会的世論を作って、政府と大統領の決断を促すほかない」と語った。また同会に参加した民主労働党の千永世事務総長は「韓統連の名誉回復と自由な故国訪問を行なうことは、過ぎし日の民主化運動の精神を正す作業だ。多くの苦しみの中でも祖国の民主化と統一を念願し、闘争してきた海外同胞の労苦を、我々がどうして無視できるだろうか。本人（金大中）が拘束され死刑判決を受けたとき、日本で全てをささげて救命運動を展開した韓統連を、そのまま放置している金大中大統領も問題だが、これまで彼らを忘れていた我々の至らなさも大きい」と語った。

◎韓民統（韓統連）の名誉回復

さてこのような準備過程を経て、「韓統連の名誉回復と帰国保障のための対策委員会」（韓統連対策委）は同年一二月六日、ソウル世宗文化会館に国会議員や弁護士ら一〇〇余人が参加して発足した。同会は今後、国会や大統領府への陳情を行なっていく計画を決めた。しかし発足式に参加するべく入国許可を申請した韓統連のメンバー四人は、いずれもまた入国を拒否された。

これらの運動が報われたのは金大中政権が終わり、盧武鉉政権が発足した二〇〇三年になってからだった。韓国の市民運動が連合してつくった「海外民主人士の名誉回復と帰国保障のための汎国民推進委員会」という組織が企画した「海外民主人士の九月秋夕故国訪問」という名のツアーに韓統連の関係者二九人が参加。九月一九日から四日間無条件で入国し、各地で歓迎を受けたからだ。またこのうち郭秀鎬団長ら四人が二〇日、「前大統領」となった金大中宅に招かれて面会。金は「私の拉致事件や投獄・死刑判決などに際して、皆さんが本当に誠心誠意努力してくれたことをよく知っている」と謝辞を述べたという。帰国後、メンバーの一人が私に語ったところでは、ソウルでの歓迎会である弁護士は、「皆さんの無条件入国が遅れたのは、それができる立場にいる方が、それを怠けていたからと言われても仕方がない」と述べて、暗に金大中の怠慢を批判したという。この祖国初訪問を報じた『民族時報』は「韓統連の訪問は盧武鉉大統領の承認と関係当局の特別の計らいで実現した」と記録した。

次いで韓統連は二〇〇四年一〇月一〇日から数日間四七人の訪韓団を送り、この時は郭東儀（顧問、前議長）らに会った金大中が「このように会えて感無量だ。軍部独裁政権は私を韓民統議長で反国家団体の首かいだとして死刑を宣告したが、今回、大法院（最高裁）で無罪判決が出て、韓統連の汚名もそそがれた」と述べて、金大中自身が事実上、韓統連の「名誉回復」を宣言した形となった。会見後、郭東儀は記者団から金大中会見の感想を聞かれ、「会いたかった指導者に三一年ぶりにお目にかかって、嬉しくて感激の余り涙を流した」と答えた。

この事実上の「名誉回復宣言」より先の二〇〇四年二月二三日、韓国の文化放送（ＭＢＣ）はドキュメンタリー「今こそ話せる」で「反韓ベトコン、韓民統の真実」を放映した。

この番組では冒頭で金大中の大統領就任式の模様が現れ、「しかしかつて最も献身的に金大中救出運動を続けた韓民統のメンバーはここに一人も招かれていなかった。金大中は五年間の大統領任期を終えようとしているのに、金大中の生命を救った韓民統はいまだに反国家団体の汚名をかぶせられ、本国との往復さえ自由にできない。なぜか」という問い掛けで始まり、ＫＣＩＡが仕組んだ七一年の捏造録音事件や七八年、韓民統を「反国家団体」と判決したでっち上げ事件などが、貴重な映像史料や日本での取材を加えて描かれた。番組全体に韓民統への同情が滲み、その分、過去の軍事独裁の過酷さだけでなく、金大中の冷淡な対応を批判しているようでもあった。実際、番組の放映後、韓統連には幾つもの同情のファックスが、韓国から寄せられたという。韓統連の郭東儀に対する金大中の懇ろな対応は、このテレビ番組放映から八ヵ月近く後のことだ。これも同番組のもたらした影響かも知れない。なお同番組には本書の著者鄭在俊が取材を受けて登場した。鄭在俊はそれまで所有していた幾つものビルを手放すなどして、かつてあった巨額の財産のほとんどを金大中救出運動につぎ込んだと述懐している。

もしこれが事実とすれば、そしてまた本書の終わりに近く、東京からソウルまで夫妻そろって金大中大統領の就任式に赴いたものの、金大中本人から冷淡な扱いを受けたことが事実とすれば、同情を禁じえないのは、私ばかりではないはずだ。

◎「冷遇」のなぜ？

それにしても、本書を読み終えた読者は幾つかの疑問を感じられるに違いない。最大の疑問は一九七〇年代から八〇年代にかけて鄭在俊やかれらの所属した韓民統の金大中救出運動にかけた多大な貢献と、金大中大統領就任式の日に鄭在俊が感じた「冷感」との間の余りに大きな落差である。この疑問は私自身がいつの日か金大中に会見する機会があったら、是非聞いてみたいことでもある。今、それを果たしていない段階では当面、幾つか推測可能な理由を列挙するしかない。以下はあくまで私の推測であることを断っておく。また、金大中にとって鄭在俊はあくまで「韓民統および金大中救出委の鄭在俊」として認識されていると思われるので、ここでは、鄭在俊個人というより、韓民統との関係で推測する。

第一に金大中の韓民統に対する複雑な思い、または認識不足だ。彼は一九九五年三月、ＮＨＫ出版から『私の自叙伝――日本へのメッセージ』という自伝を出版した。これはNHKが韓国の自宅や英国の留学先など各地で繰り返し、テレビ放映もしたインタビューを基に構成した本で、金大中自身も手を入れている。これ自体、本文六七一頁に年表を加えた分厚いものだが、本書で鄭在俊が指摘しているように、在日韓国人の金大中救出運動に、本人が少しも言及していない。金大中は韓民統の役割を評価しつつも、七年間の長い間その議長という肩書きを理由に朴正熙政権や全斗煥政権下で弾圧を受ける間に、愛憎入り交じった感情を抱くようになったのかもしれない。私自身、金大中大統領の在任中、「韓民統はあなたが最大の危機にあった時代に、最も救出運動に貢献した団体だ。名誉回復と待遇改善がなされるべきだと思う」という手紙を書き送ったことがあり、先に述べたMBCテレビのドキュメントでも、私はそう語った。しかし、大統領から私に年賀状は来ても、手紙への返事はなかった。

第二はようやく民主化時代を迎えたとはいえ、金大中にも韓民統解禁はタブーという旧KCIA勢力から圧力がかかっていた可能性だ。私は金大中政権が発足して一年ほど経ったある日、彼の側近であり親類でもある女性と会ったことがあるが、彼女は「官僚制度にどっしりと旧勢力が腰を据えていて、命令が行き届かない」と嘆いていた。私が「いわゆる面従腹背というやつですね」と言うと彼女は、「それならよくある話ですが、実際は面背腹背ですよ。私がこれは大統領の意向ですと言っても、大統領は五年で任期を終えますが、我々は一生この役所にいるんですからねと言って、やらない役人がいます」と言って、威令が届きにくい実態を嘆いていた。金大中自身は韓民統の名誉回復に動きたかったが、周囲の事情が許さなかったのかも知れない。

第三は、司法府への配慮という可能性だ。韓民統は朴政権下だった一九七八年、日本の最高裁にあたる大法院の判決で「反国家団体」に規定された。反国家団体は国家保安法で「政府を僭称したり国家転覆を目的とする国内外の結社または集団」「共産系列の結社または集団」とされる。裁判のきっかけとなった事件自体、今日では情報機関によるでっち上げだったということが明らかになっているが、国家元首とはいえ、最高裁判決に逆らってまで韓民統と交流することは難しかったのかもしれない。実際、既に書いたように金大中自身、二〇〇四年訪韓した韓統連前議長の郭東儀に会った際、最近の大法院判決で韓統連の汚名がそそがれたからこそこうして再会できたのだという意味のことを語っている。しかしこれは詭弁だという見方もある。大統領ならその気になれば、韓統連の名誉回復を表明すればできたはずなのに、大統領がそれを怠けたのだという指摘だ。

第四は、鄭在俊の大統領就任式への招待が大統領府からの公式なものでなく、趙活俊による個人的な招待だったという指摘だ。MBCテレビが「韓統連メンバーは一人も招かれていなかった」と報じていることからもそう推測される。かつて韓民統の事務総長だった趙は八〇年代末期、韓民統を脱けて訪韓し、ソウルに住むようになり、政治民主化の動きの中で金大中が脚光を浴びるようになると、金大中拉致事件当時、日本で私設秘書だった人物としマスコミにも登場し、一定の発言力を持った。彼は金大中の晴れの舞台をかつての最大の命の恩人の一人であった鄭在俊に是非観てもらいたくて招待状を送ったのだろうか。しかし非公式とはいえ、趙は就任式に続いて大統領官邸近くで開かれた記念パーティーにも鄭在俊を招待している。これは就任式の参列した人々のうちでも、ごく僅かな人々しか呼ばれていない場所であった。実は私もその場に居合わせたが、金大中は祝意を述べる外国人らに次々と日本語と英語で謝辞を述べながら会場を一巡した。公式でも非公式でも、また相手が鄭在俊であろうとなかろうと、「おめでとう」と差し出した手を引っ込める行為は、本当にそうだったら非礼としか言いようがない。なお趙活俊は金大中政権終焉の前後に死去した。死後、『週刊文春』が趙活俊のことを「大統領府に出入りした北のスパイ」などと書いたが、韓統連は「金大中前大統領および韓統連、趙活俊元事務総長に対する名誉毀損」として抗議している。

以上は私が推測した幾つかの可能性であるが、金大中本人の「冷感」の真意は奈辺にあったのか。これは当人に聞いてみるほかない。

先に書いたように、金大中と韓民統（韓統連）の複雑な関係は二〇〇四年一〇月の金大中・郭東儀会談で完全に修復したいえる。本書の著者鄭在俊にそのことへの感想を求めると、「関係正常化と韓民統の名誉回復は誠に結構なことだ。しかし名誉回復の日を見ないままこの世を去った多くに同志達のことを思うと、なぜもっと早く、せめて大統領在任中にも実現しなかったのかと残念でならない」と語ったことを、ここに書き添えておく。

さらに本書を読んだ別の読者は、一九八二年一一月に著者が実行した訪韓の背景に疑問を持たれるかも知れない。長年、金大中救出運動の先頭に立っていた著者が、いま、韓国公使の誘いに乗って、韓民統にも内緒で訪韓しているのである。しかも五日間、食事以外は外出もせずにホテルの自室にいただけで日本に戻ったとは、不可解だと。しかし、これは著者が本書で説明しているとおりではなかろうか。訪韓の間中、彼はホテルの部屋にいたという。かつてだったら、ＫＣＩＡが目の敵にする韓民統の幹部を一思いに抹殺することもできたのであろう。当初、ＫＣＩＡはそれを目論んだかも知れない。しかし、在日韓国人の金融機関のトップが命の保障をして実現させた訪韓である。流石に手出しができなかったのではないか。では当局は鄭在俊訪韓で何も得るものはなかったのか。そうではあるまい。韓民統周辺では当時、「鄭在俊は秘密裏に韓国に行ったらしい」という情報が流れた。「当局とは何か取引きがあったのか」という噂とともに。まあこれで、在日の民主勢力の間に少しでも不信感や亀裂が生じれば、それは情報機関にとって、結構もうけものだったと言える。

さて、金大中事件とは何だったのか。それは外国の諜報機関が白昼堂々、首都の中心部で犯した外国人への殺人未遂事件だった。では金大中救出運動とは。それは日本国民が一人の外国人の命と人権を守るために一致結束して立ち上がった、歴史上初めての誇らしい経験だった。本書はそれらの歴史の断面を一在日韓国人の手で裏面史を語った貴重な証言録だ。（文中敬称略）

（ながぬま・せつお）

＊長沼節夫氏プロフィール
一九四二年、長野県生まれ。時事通信記者（一九七二年から二〇〇二年）

'김대중씨 납치사건'과 구출운동
김대중 선생 구출운동일지
한국민주화투쟁의 의의
구출운동을 되돌아보며
'한민통' 결성과 운동자금
'구대위' 해산과 나의 사임
김대중 대통령 취임식에 초대받고
불가해한 푸대접과 추격

마치면서

2006년 1월 현대인문사 발행

◎지은이 프로필

정재준
1917년 한국 경상북도 압량면 삼풍동에서 출생
1925년 어머니와 함께 일본에 건너옴
1939년 도쿄 메구로구의 구제 지유가오카학원중학교를 졸업한 후, 부친의 건설업을 도우면서 곧 독립
1945년 도쿄 시부야에 '아사히토목'(주)을 설립
1948년 거류민단 시부야지부 창립에 참가. 동지부단장 취임
1968년 거류민단도쿄본부장으로 선출
1970년 동 본부장에 재선
1973년 한민통 발족, 부의장 취임
'김대중 사건' 발생으로 '김대중 선생 구출대책위원회'가 발족, 위원장에 취임
1982년 위의 직책 사퇴
현재 '선로열주식회사' 회장

김대중씨 구출운동 소사

- 어느 '재일 동포'의 반생

정재준 지음

◎목차

◎執筆者プロフィール

鄭在俊（チョン・ジェジュン）

1917（大正6）年、韓国慶尚北道押梁面三豊洞で生まれる。

1925（同14）年、母とともに渡日。

1939（昭和14）年、東京・目黒区の旧制自由ケ丘学園中学を卒業後、父の建設業を手伝い、やがて独立。

1945（同20）年、東京・渋谷に「旭土木」（株）を設立。

1948（同23）年、「居留民団」渋谷支部創立に参加。後に同支部団長に就任。

1968（同43）年、居留民団東京本部団長に選出。

1970（同45）年、同本部団長に再選。

1973（同48）年、「韓民統」発足で副議長。「金大中事件」発生で「金大中先生救出対策委員会」が発足し、同時に同委員長に就任。

1982（同57）年、上記の役職を辞す。

現在、「サンロイヤル株式会社」会長。

金大中救出運動小史

ある「在日」の半生

김대중씨 구출운동 소사

—어느 '재일동포'의 반생

2006年2月10日　第1版第1刷

著　者　鄭在俊
　　　　정재준
発行人　成澤壽信
発行所　株式会社現代人文社
　　　　〒160-0016　東京都新宿区信濃町20　佐藤ビル201
　振替　00130-3-52366
　電話　03-5379-0307（代表）
　FAX　03-5379-5388
E-Mail　daihyo@genjin.jp（代表）
　　　　hanbai@genjin.jp（販売）
　Web　http://www.genjin.jp
発売所　株式会社大学図書
印刷所　株式会社ミツワ
装　幀　清水良洋＋西澤幸恵（Push-up）

検印省略　PRINTED IN JAPAN
ISBN4-87798-279-5 C0036